바른취업,

자기소개서
발라버려!

ⓒ 배헌, 이기환, 김동한, 2016

초판 1쇄 발행 2016년 10월 25일

지은이   배헌, 이기환, 김동한
펴낸이   이기봉
편집   좋은땅 편집팀
펴낸곳   도서출판 좋은땅
출판등록 제2011-000082호
주소   경기도 고양시 덕양구 동산동 376 삼송테크노밸리 B동 442호
전화   02)374-8616~7
팩스   02)374-8614
이메일   so20s@naver.com
홈페이지 www.g-world.co.kr

ISBN   979-11-5982-445-6 (13320)

이 도서의 국립중앙도서관 출판시도서목록(CIP)은 서지정보유통지원시스템 홈페이지(http://seoji.nl.go.kr)와 국가
자료공동목록시스템(http://www.nl.go.kr/kolisnet)에서 이용하실 수 있습니다. (CIP제어번호 : CIP2016024301)

바른취업,

자기소개서 발라버려!

배 헌 · 이기환 · 김동한 지음

좋은땅

C O N T E N T S

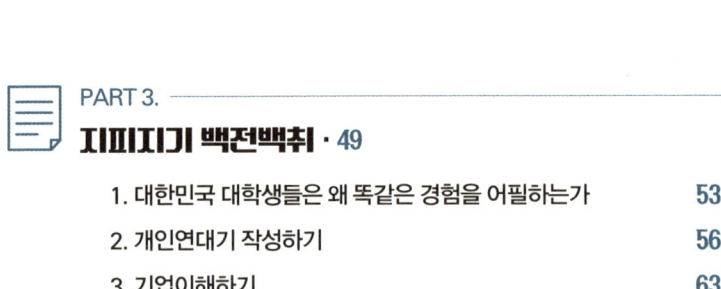

프롤로그

우리는 취업을 꿈꾼다?
우리는 '바른취업'을 꿈꾼다!

대부분 학생들은 졸업하면 취업이나 창업, 둘 중 하나를 선택해야 한다. 진학을 하기도 하지만 결국은 둘 중 하나이다. 만약 우리가 금수저로 태어났으면 이러한 고민은 하지 않았을지도 모른다. 하지만 이미 당신은 성인이며, 호적을 바꾸기도, 현재의 부모님을 외면하기도 어렵다.

취업컨설팅 및 교육을 전문으로 하는 '더와이파트너스㈜'를 운영한 지 만 2년이 조금 넘었다. 사회적기업을 지향하지만, 형식적이라 생각하였기에 사회적기업 인증은 신청하지 않았고, 앞으로도 받을 생각이 없다. 하지만 관련 일을 하면서 절대로 학생들에게 금전적인 대가를 받지 않는다는 것이 경영 방침 중 하나이다. 다시 돌아가서 우리가 왜 취업컨설팅을 하게 되었는지 얘기하려고 한다.

저자 중 맏형인 배헌 대표는 약 13년간 기업을 경영하고 있었고, 이기환 이사는 공공기관에서 컨설턴트로서, 김동한 이사는 외국계기업 해외영업본부에서 근무를 하고 있었다. 그러던 어느 날, 누군가는 갑자기 공부가 하고 싶어져서, 누군가는 앞으로 진로를 위해서 등 서로 다른 이유로 2013년 봄, 연세대 경영전문대학원 MBA에 진학하게 된다. 밤잠을 줄여가며 공부하고, 숙제하고, 술도 마시는 등 학교 생활을 겪는 와중에, 2014년 여름, 운명적으로 비즈니스 커뮤니케이션이라는 영어 과목을 수강하게 된다. 수업 커리큘럼 안에 학부 학생들과 실제 회사생활은 어떤지, 직무는 어떤지 등에 대해 멘토링하는 프로그램이 있었는데, 기가 막히게도 명문대 학생들임에도 불구하고 기업, 직무에 관한 지식이 무지에 가까움에 깜짝 놀라게 된다. 이에 교수님께 "학생들 취업 좀 도울까요?"라고 여쭙게 되었고, 이것이 더와이파트너스의 시작이다.

  2014년 9월, 취업 관련 첫 자원봉사가 시작되었다. 외국계를 포함한 굴지의 기업에 다니는 매니저급 이상이며, 대부분이 해당기업 실제 면접관들로 구성된 MBA 동기들 10명과 함께 연세대학교 경영대 및 인문대 학생 30명을 대상으로 입사서류 첨삭 및 모의면접을 진행하였다. 7시간 동안 진행된 행사에서 학생들의 자기소개서는 베낀 듯 비슷했고, 모의면접 수준도 정말 한심했으며, 더군다나 '어느 회사는 토익이 몇 점은 되어야 하고, 어느 회사는 누구만 뽑고' 등 인터넷에 떠도는 잘못된 정보를 맹신함에 놀랐다. 심지어 그 중에는 적지 않은 돈을 내고 취업컨설팅을 받았던 학생들도 있어 불쌍하기까지 했다.

대부분의 경우 학생들에게 자기소개서를 두어 번 첨삭해주고, 모의면접을 몇 번 해주면 자연스레 원하는 기업에 취업을 한다. 하지만 그 어려운 관문을 뚫고 들어간 직장을 몇 개월 후에 그만두는 학생들이 생겨나기 시작했다. '너 왜 그만뒀니?'라고 물으니, '적성에 맞지 않아요', '평소에 알고 있던 회사와는 다른 것 같아요' 아, 이 녀석들이 아무 생각 없이 그냥 큰 기업이나, 주위에서 '와' 하는 기업에 지원했었구나. 그래서 한 번만 하고 끝내려 했던 더와이파트너스의 봉사활동이 계속되게 된다.

2015년 1월, 좀 더 체계적으로 학생들을 돕고자 그 동안 활동했던 친구들이 십시일반 출자해 더와이파트너스를 법인으로 만들게 되고, '바른취업스쿨'이라고 이름 붙이고 운영하게 된다. 특별한 건 없고 학생들한테 직무에 대해 설명해주고, 개인연대기를 작성하게 해서 상담해주고, 욕하고, 꾸짖고, 바보들아 그것밖에 못하냐고 막 던진다. 그렇게 했더니 자신들에게 맞는 직무에 대해 고민하고, 하나 둘씩 찾아가기 시작한다. 요즘 세대에 아무도 대학생들한테 막 하지 못하지만, 우리는 가능하다. 왜 가능하냐? 명치부터 끌어올려 그들을 진심으로 위하고, 학생한테 돈 안받으니까.

지금은 연세대 경영전문대학원, 연세대 영어영문학과, 숭실대 경제학과, 숭실대 외국계취업클리닉, 그리고 머니투데이와 함께 명지대, 한국외대, 세종대 친구들을 도와주고 있다. 하지만 아직도 우리는 그 흔한 홈페이지도 없다. 아무쪼록 휘갈겨 쓴 이 책이, 헬조선에서 살아가는 학생들이 바른 취업을 하는 데 도움이 되기 바란다.

바른취업스쿨은 단지 취업만을 목표로 하는 것이 아닌,

모든 학생들이 원하는 기업에서,

원하는 직무를 지속적으로 할 수 있도록

도와주겠다는 우리들만의 약속이다.

PART 1
바른취업의 이해

1. 바른취업이란

   우리는 바른취업을 '**단지 취업만을 목표로 하는 것이 아닌, 모든 학생들이 원하는 기업에서, 원하는 직무를 지속적으로 하는 것**'으로 정의한다. 그럼 학생들이 원하는 기업은 어떤 모습이며, 원하는 직무는 어떠한 것일까? 여러분들과 똑같은 현실에 있는 대학생들이 생각하는 바른취업은 다음과 같다.

〈그림. 대학생들이 원하는 바른취업과 필요 조건〉

Q. 바른취업을 연상했을 때 떠 오르는 이미지는?

노출빈도 높음

행복 미래 비전 자부심
보람 꿈 올바른 나만의
내가하고싶은 성공

진짜멘토 열정 감사
적성이해 직무

진실된 일과 삶의 균형 복지
연봉 이직확률이 낮음 나침반

바른자세 신뢰 정확한 정보
롤모델 사람 가르침 바른매칭

저녁이 있는삶 커리어패스 자아실현
취업한 직장이 본인의 생각과 다르지 않는 것

사전준비 어려움 윤리의식 배우려는 태도
전문성 취업가이드 도움이 되는 취업프로그램

노출빈도 낮음

:: 최종 이미지 ::

:: 필요 조건 ::

* 출처: 취업준비생 대상 조사 (2016. 더와이파트너스)

보통 월급을 많이 주고, 복지가 좋고, 남들이 알아주는 큰 기업에 취업하는 것이 성공한 취업이라고 말한다. 하지만 여러분들은 이처럼 거창하고 대단한 직장에 가야 되는 것이 아니라, 자기 자신이 누구인지, 정말 하고 싶은 것이 무엇인지를 깊이 고민한 후, 본인에게 맞는 직무를 할 수 있는 직장을 선택해야 한다

대부분의 멘토는 본인이 좋아하는 것, 잘하는 것을 하라고 한다. 일부분은 맞지만 책임감 없는 멘토링이다. 자기 자신에게 한번 물어보자. '좋아하는 것이 뭐야?', '그럼 그 좋아하는 것만으로 성공할 수 있을까?', '지나치게 낮은 확률은 아닐까?', '잘하는 것은?', '우리나라에서 제일 잘해?' 대부분의 학생들은 긍정적인 대답이 어렵다고 본다. 앞으로는 '막연히 좋아하는 것, 잘하는 것을 하세요'라고 하지 말고, 다른 대다수의 사람과 비교하여 대단히 좋아하는 것, 대단히 잘하는 것을 하라고 멘토링해야 할 것이다. 그러기 위해서는 반드시 시간을 투자하고, '열심히'가 아니라 '제대로' 준비해야 한다고 덧붙이는 것은 기본으로 해야 한다.

'바른취업이고 나발이고, 취업이 얼마나 안 되는데 무슨 개소리야'라고 생각할 수도 있으나, 꼰대 소리 좀 하겠다. 세상에서 제일 쉬운 것 중 하나가 취업이다. 실업률 10.8%, 대학생취업률 55%이든지 간에 상관없이, 그래도 취업은 참 쉽다. 바른취업이 힘들지.

일반 취준생의 취업 준비를 보자. 먼저 취업포탈에 몇 개 정도 가입하고, 합격 자기소개서를 뒤진다. 분야별로 몇 개를 복사하고, 서로 믹스하여 자기만의 자기소개서처럼 만들어 낸다. 50군데 이상 지원하고, 몇 개 붙으면 부랴부랴 인적성을 준비하고, 운이 좋아 붙으면 그때서야 취업포탈을 보고 면접을 준비한다. 불합격으로 가는 지름길이 바로 신뢰성이 결여된 정보들의 맹목적 습득이다 그래서 탈락하는 것이다. 제발 시간을 투자하고 취업에 바르게 집중해보자.

여러분은 학점을 높이기 위해 얼마나 많은 시간을 시험 준비에 투자하는가? 많은 친구들이 시험 기간에는 며칠 동안 혹은 2주 전부터 준비를 하기 시작한다. 또한 그다지 인정해주지 않는 자격증 하나를 취득하기 위해 몇 달을 준비하기도 한다. 그런데, 왜 취업 준비는 그렇게 하지 않는 것인가. 취업 준비를 그렇게 해보자. 그리고 확인해보자. 떨어지나 안 떨어지나. 시험을 준비하는 노력과 시간만큼만 입사서류 작성, 인적성 준비, 면접 준비에 투자한다면 취업은 그리 어려운 것이 아니다.

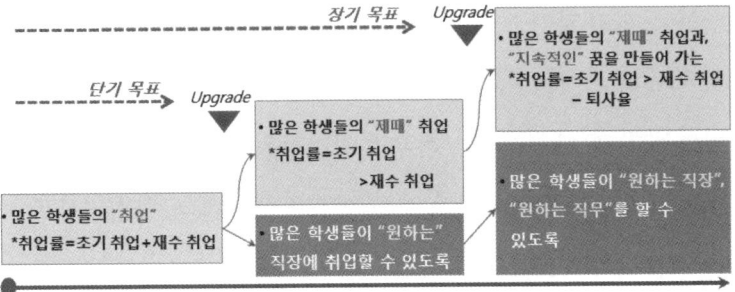

〈그림. 바른취업 중장기 모습〉

바른취업스쿨에서 취업을 준비한 몇몇 친구들의 예를 들어 보 겠다.

김형욱은 공대에서 경제가 좋아서 경제학과로 전과한 친구다. 취업이 잘되는 공대를 마다하고, 좋아하는 경제를 선택한 자체가 도전이다. 모든 금융권에 전부 지원하고, 합격하고, 입사 취소하기 를 반복한다. 은행, 보험, 증권과 같은 금융권이라도 추구하는 인 재는 확연히 다르다. 이 친구는 똑똑하고, 논리적이며, 위험을 즐기 나, 도덕적이고, 활동적이다. 지금은 신한금융투자에서 일하고 있 다. 아주 좋아서 미치겠다고 한다. 본인의 성향이 증권 회사의 그것 과 정확히 일치하기 때문이다. 만약 이 녀석이 금융이라고 은행권 을 갔으면, 또 그만두었을 것이다.

논어에 '從吾所好'라는 말이 있다. 나는 내가 가고 싶은 길을 간다는 말로, 필자의 생활신조이기도 한다. 이 말이 딱 맞는 친구가 있었다. 서광석은 고집 있는 친구로, 2015년 1학기에 기업경제학을 수강했던 친구인데, 그때부터 이미 자신이 가야 할 길을 확고히 정해놓은 녀석이다. 생산관리와 SCM. 그 일이 너무 하고 싶어서 경제학과임에도 불구하고, 산업공학과를 복수 전공했으며, 각종 물류 관련 자격증을 취득한다. 지금은 포춘지 500대 기업으로, 스웨덴계 자동차부품생산회사인 오토리브코리아 생산관리팀에서 즐겁게 일하고 있다.

윤다혜, 이 친구는 숭실대 경제학과 학생들 중 최고의 스펙을 가진 친구 중 한 명이었다. 사실 스펙이라는 단어보다 퀄리피케이션(Qualification)이 맞다. 개, 돼지도 아니고 사람한테 스펙이라니. 어쨌거나 이 친구는 주구장창 종합상사와 해외영업을 지원하지만 다 떨어졌다. 하지만 굴하지 않고 계속 지원하고, 지금은 에스푸드라는 중견기업 무역부에서 근무한다. 왜 해외영업만 고집했을까? 그냥 다들 선호하는 은행이나 지원했으면 쉽게 붙었을 텐데. 이유는 하나다. 본인의 꿈이었으니까.

많은 친구들이 외국계 회사에 입사하고 싶어 한다. 전세구, 이 친구는 스위스계 선사 MSC 재무팀에 합격했으나 적성에 맞지 않는다고 입사 2주 만에 퇴사를 한다. 2주 동안 고민도 많이 하고, 상담도 많이 했다. 우리도 '바른취업 해라'라고 항상 말하지만 그냥 다니게 하고 싶었다. 하지만 그만두고 찾아와서 '좋은 회사인 줄은 알지만, 유통회사 가서 바른취업하고 싶습니다'라고 말한다. 그냥 다니라고 했던 내 자신을 창피해지게 만들었던 친구는 결국 지금 홈플러스에서 만족스럽게 잘 다니고 있다.

숭실대 경제학과에서는 1년에 한 번씩 글로벌무역경진대회를 간다. 올 초에는 상해로 갔는데, 그때 처음 만난 친구가 바로 이승현이다. 아주 말이 많은 친구이며, 같이 있으면 본인 혼자 얘기한다. 그런데 말만 많은 것이 아니라 아는 것도 무척 많은, 못 하는 게 없는 친구다. 최고 금융 공기업 중 하나인 한국은행에서 인턴을 했다는 이유로 금융권을 가고 싶어 했는데, 한국 기업의 특성상 윗사람에게 비위도 맞춰야 되고, 재능이 너무 많고, 튀어서 힘들다는 것이 우리들의 평이었다. 지금은 BMW 파이넨셜 서비스에 취업했다. 영어도 잘하고, 수치에 밝고, 격식 덜하고. 아주 이 녀석에게 딱 맞는 직장이다. 며칠 전에 밝게 웃으면서 양복 두 벌, 드레스셔츠 다섯 벌을 샀다고 자랑하는 모습 참 보기 좋았다.

이 친구들의 특징은 자신이 누구인지, 정말 하고 싶은 것이 무엇인지, 자신에게 맞는 직무가 무엇인지 끊임없이 고민했다는 것이다. 데카르트는 I think therefore I am(나는 생각한다, 고로 존재한다)고 했다. 취업에서는 '나는 생각한다. 고로 취업한다'가 적절하다고 본다.

2. 당신이 취업을 못하는 진짜 이유

어떤 친구들은 쉽게 취업하는 반면, 대다수의 학생들은 취업을 아주 어려워하고 있다. 우리는 당신이 왜 취업을 못하는지, 그리고 당신이 취업을 하기 위해 진짜 준비해야 하는 것이 무엇인지 얘기하고자 한다.

사회문제, 헬조선 그리고 취업 제도

지난 몇 년간 취업이 어렵다고 느끼는 이유는 우리나라의 경제적, 사회적 영향에 기인함이 클 것이다. 하지만 무엇보다도 대학생들을 쓸데없는 스펙 쌓기에 몰두하게 만드는 현재의 채용 제도가 가장 큰 문제다. 이력서에 채워야 하는 칸은 왜 이리 많은지 신입 뽑으면서 경력을 적으라지 않나, 자격증에 채워야 할 칸은 왜 이리 많은가. 또한, 자기소개서는 뭐 그리 어려운지 신춘문예에 원고 내는 수준이며, 인적성 시험은 회사마다 다르고, 면접 종류는 참으로 다양하다. 그러한 이유로 여러분은 취업이 어렵다고 느끼는 것이다.

학생들의 무지

　몰라도 너무 모른다. 취업포탈에 나온 건 전적으로 다 믿는다. 특히 합격 자소서라고 올라와 있으면 더 믿는다. 하지만 이력서와 자기소개서는 하나의 set로, 채용담당자는 이 두 개를 한꺼번에 체크한다. 따라서 이력서 없는 합격 자소서는 제대로 된 자소서라 할 수 없다. 예를 들어, 이력서에 S대 경영학과 졸업, CPA자격증 보유라고 되어있으면, 자기소개서를 대충 써도 합격할 가능성이 높다. 만약 그런 자기소개서를 합격 자소서라고 취업포탈에 올려놓으면 여러분은 그걸 족보처럼 활용한다. 그걸 믿고 참고하니 모두들 똑같고, 비슷한 유형의 자기소개서가 나오고, 그걸 제출하니 대부분 불합격이 되고, 학생들은 취업을 점점 더 어렵게 느끼는 것이다. 이 얼마나 무지한가. 하긴 요즘에는 이걸 알아채는 학생들이 있으니까, 취업포탈에서는 자기소개서 옆에 출신 학교(EX. 서성한), 학점, 자격증 몇 개 보유라고 올리던데, 그걸 또 믿는 바보는 되지 말자. 한 취업포탈의 페이스북을 보니, 이메일을 남기면, 해당 회사의 합격자소서와 그 회사에 맞는 자소서 쓰는 법을 알려준다고 한다. 그러면 많은 학생들이 이메일 주소를 남기던데, 제발 생각 좀 하고 행동하자. 그거 따라 하면 전부 비슷한 자소서가 양산되기 때문에 당연히 떨어질 거라는 생각이 안 드는가? 수천만 원을 들여 대학교육까지 받은 학생들이여, 좀 똑똑해지자. 하나 더. 취업포탈에 댓글은 누가 올리는 걸까? 현직 직장인들이 취업에 힘들어 하는 여러분을 위해 거기에 댓글을 달까? 아니다. 취업 못한 너희들이 글을 올리고, 너희가 믿고, 너희 친구들한테 퍼트리니, 거짓 정보가 난무하는 거다.

취업컨설턴트 vs 현직 매니저, 누가 더 잘 알고, 누가 맞겠는가?

전부는 아니겠지만, 돈 벌려고 애들을 현혹시키는 가짜 취업컨설턴트들, 멘토들 때문에 취업이 더 어렵다고 느끼는 거다. 취업 경험도 없으면서 취업컨설팅하고, 실제 면접관 한 번 안 해보고 모의면접하며, 경력 과장은 기본이고, 대학에서 특강 한 번 하면 외래교수 혹은 취업 담당 겸임교수라 자칭하고, 취업포탈에 취업하면 신입사원도 컨설턴트가 되어 여러분들을 코칭한다. 또한 이미지 컨설팅이 취업의 중심인가? 스타일은 어떻게 해라, 웃어라 등 그런 거 가르치면 취업이 되는가? 물론 누구한테든 코칭 받으면 100에서 1은 오를 수 있다. 30, 50, 100을 올리는 것이 불가능해서 그렇지. 그들은 여러분의 힘든 심리를 이용해 돈만 벌 뿐이다.

어쨌거나 현재의 채용 제도 불합리하고, 나쁜 어른들도 많고, 여러분도 무식하지만 헬조선만 탓하지 말고 일단 원하는 기업에 합격하고 나서 사회를 욕했으면 한다. 그게 훨씬 더 멋있지 아니한가?

그럼에도 불구하고, 여러분이 꼭 컨설팅을 받아야 한다면 다음의 몇 가지만 확인해보기를 바란다.

〈진짜 전문가와 가짜 전문가를 구별하는 질문〉

Q1. (공통) 실제로 기업에서 일한 적이 있으세요?

엔트리 혹은 주니어 레벨로 근무한 것을 체크하는 것이 아니다. 대학교 1학년이 4학년보다 학교에 대해 더 많이 알 수 있는가? 회사에 몇 년 근무하면 여러분보다는 많이 알겠지만 거기서 거기일 뿐이다. 적어도 10년 이상의 근무 경험은 있어야 회사, 직무에 대해 당당하게 이야기할 수 있다.

Q2. (HR출신) 채용프로세스 또는 교육 담당이 아닌, 실제 채용 담당으로 입사서류 검토, 면접관으로서의 역할을 하셨나요?

인사팀은 채용프로세스 전문가들이다. 이뿐 아니라 급여 지급, 직원 교육, 퇴사 및 승진을 다루는 부서이다. 그럼 실제 채용을 담당하는 사람은 한 회사에서 몇 명이나 될까? 또한 인사 담당자가 모든 채용직군을 전부 관리하여 필요한 사람을 뽑을까? 아니다. 그런데 여러분은 인사 담당자라면 채용과 관련하여 막강한 힘과 역량이 있어, 그들이 여러분을 채용하는 줄 안다. 실제로는 서류 검토는 인사부 채용 담당자가 하기도 하나, 실무면접은 실무부서에서 가장 잘 나가는 매니저급 직원들이 평가하고, 인사부는 서포트만 할 뿐이다. 실무면접 후 해당 부서 매니저들이 인사 담당에게 '저 사람 뽑아주세요' 하면, 그들이 여러분들에게 연락하게 되므로, 실제 취준생들은 인사부에서 나를 뽑아줬구나 하는 착각을 하게 되는 것이다. 다시 말해, 보통의 경우 신입 직원을 필요로 하는 부서들의 팀장들이 면접관이 되어 지원자를 평가하고, 임원면접을 거쳐 최종 합격자가 결정되면, 그 명단을 인사팀에 넘겨주고 인사팀은 당신들에게 합격/불합격 여부를 통보해주는 것이다. 그럼 누가 여러분을 채용하는 것인가? 이 부분을 반드시 명심하자.

Q3. (직무 전문가) 해당 직무 경험 또는 회사 경험이 풍부하신가요?
일부 컨설턴트들은 본인이 모든 산업, 직무에 대해 전문가인 양 일률적인 코칭을 하고 있다. 이게 사실이라면 회사는 굳이 수만 명의 직원을 필요로 하지 않을 것이다.

Q4. (이미지 컨설턴트) 요즘 기업에서는 화장 잘하는 지원자 채용하나요?
'머리를 묶고 들어와라, 피부색 바꿔라' 등이 취업의 중심인가? 승무원 등 특정 직무를 반드시 가고 싶은 학생이 아니라면 무시하길 바란다. 정말 궁금하면 회사 홈페이지 게시판에 직접 물어보길 바란다.

Q5. 그 외, 대학의 경력센터와 대학의 취업 관련 강의는 박사 출신의 교수님 혹은 강사들이 많이 한다. 앞서 언급한 대로 취업 경험이 없는 박사, 강사, 교수님들은 여러분들이 가고 싶은 기업에 대해 여러분보다 모르는 사람들임을 잊지 말자.

3. 바른취업을 하자

　본격적으로 취업에 대한 핵심 사항을 알리기 전에 바른취업을 위한 원칙을 얘기하고자 한다. 전혀 특별한 것도 아니고, 누구나 다 할 수 있으나, 대부분 학생들은 관심 없는 사항이다.

연대기 작성을 통해 내가 누구인지 고민하자

　나는 누구인지, 무엇에 흥미가 있는지, 어떤 것이 맞지 않는지 등, 본인에 대해 전혀 생각해보지도 않은 채, 신입사원을 모집한다고 하면 무조건 원서부터 넣는 경향이 있다. 요즘 유행하는 면접 질문 중 하나가 본인의 인생그래프를 그리고 그것을 설명해보라는 것이다. 이런 문제를 생각해 낸 회사들은 지원자들이 자신들의 적성, 성향을 고려하지 않은 채 무작정 지원한다는 것을 알기에 지원자의 인생사 설명을 통해 파악하고자 하는 것이다. 우리는 이러한 유형의 요구가 아주 올바른 면접 방향이라고 생각한다. 서두로 돌아가, 취업 준비생들은 대학 입학 이후 본인이 어떻게 살아왔는지, 어떤 것을 추구하였는지, 무엇에 흥미가 있었고, 그간 힘들었던 일은 무엇이었고, 감동받은 경험은 없었는지 등등에 대해 분기별로 간단하게 연대기를 작성해 자신이 누구인지 고민하기를 바란다. 단, 연대기를 작성하라고 하면, 어학연수, 교환학생, 인턴 경험 등을 채우는 학생들이 많은데, 연대기는 자랑하기 위한 것이 아니라 본인도 모르는 자신의 적성과 성향을 파악하는 데 목적이 있으므로, 보다 다양한 방면의 경험과 감정 변화 등 자신에게 영향을 준 이야기를 적는 데 집중하기를 바란다. 연락처도 모르고 본적도 없는 스티브잡스, 마윈 등 유명인들의 연대기에 집착하고 감명받으려 하는 시간에, 자신의 연대기 작성을 통해 자신에 대해서 낱낱이 깊게 파헤쳐 봄으로써, 내가 누구인지, 맞는 직무가 무엇이지, 맞는 회사는 어디인지 찾아내기 바란다.

올바른 인간관계를 만들자

술친구가 인간관계의 전부가 아니다. 인맥이란 내가 다른 사람을 찾을 때 생기는 것이 아니라, 다른 사람이 나를 필요로 할 때 비로소 형성된다. 학생들에게 질문한다.

'너희들은 동기인데 왜 서로 몰라?'

'100명이 넘어서요.'

'그럼 얼굴도 몰라?'

'아뇨, 알아요.'

'그런데 왜 서로 모른 척해?'

'그게 편해요.'

요즘 세상 살기 각박해서 동기들에게 관심이 없는 건 기본이고, 더 슬픈 건 개인주의라 자기밖에 모르며, 인성은 개판이고, 도움을 주면 피만 빨아먹고 쏙 빠지는 뱀파이어가 득실거린다.

학생들이 누구든 많이 만나고 사귀었으면 좋겠다. 하지만 학교 내 동아리보단 외부 동아리를, 연인을 사귀어도 같은 학교가 아닌 다른 학교 학생을 만나기를 바란다. 그래서 서로 부딪치면서 우물 밖 세상을 통해 더 넓은 사회성을 키우고, 다른 세상에서는 무슨 생각을 하고 있는지 알아갔으면 한다.

다양성을 추구하자, 무턱대고 따라 하지 않는 것

다양성을 추구하자. 무턱대고 남들 따라 하지 말고, 생각 좀 하고 살자. 우리는 매 학기 경제학과 학생들에게 자기소개서를 나눠주고, 거기에 장래 목표를 쓰라고 한다. 그럼 60명 중 50명 이상이 금융권 취업을 적는다. 왜 금융이냐고 물으면 '경제학과 선배들이 가서요', '경제학과이기 때문에요' 이런 답이 돌아온다. 다들 개성이 있고, 점수 맞춰서 온 학과가 모두의 적성에 맞는 것은 아닐 텐데. 그럼 다시 금융권 중에서 어떤 회사인지 묻는다. '금융권 아무 데나 요.' 은행에서는 뭐하니? 보험은? 증권은? 그 차이를 모르니, 대답도 엉성할 뿐더러, 뜬구름 잡는 대답을 할 뿐이다. 생각이 없으니, 다른 사람이 간다 하면 멍하게 그냥 따라 하고, 본인의 적성에 맞는 다른 직무에 지원하면 이단아로 규정될까 두려워 다양성은 언감생심이다.

2015년 7월에 H약품 역대 최연소 임원으로 승진이 된 동생이 있다. 원래 약사였다. 약국을 운영하다 H사에 영업사원으로 입사한다. '왜 약사 안 해?' '저랑 안 맞아서요' 대부분의 사람은 약사가 사회적으로 높다고 생각하지만, 그 친구는 자신의 결정을 믿는다. 오늘도 그는 한국제약산업의 독립을 꿈꾸며 현장에서 매진하고 있다. 우리도 역시 그의 소신을 믿는다. 앞으로 머지않아 H약품 CEO가 될듯하다. 계속 친하게 지낼 생각이다.

건전한 비판의식을 가져라

건전한 비판의식과 의심을 가져야 한다. 미디어와 활자로 나오거나, 권위 있는 사람들의 말은 무조건 믿는 경향이 있다. 이순신

장군은 명장이며 리더십의 대명사다. 항상 존경하는 인물의 최우선에 세종대왕이랑 같이 나온다. 그런 이순신 장군도 군율을 지키기 위해 부하의 목을 친다. 이는 리더십의 좋은 예가 될 수도 있지만, 이순신 장군도 한 성격한다는 생각은 들지 않는가? 스타트업기업을 예로 들어 보자. 쿠팡이나 배달의 민족, 이런 회사들을 알고 있을 것이다. 한번씩 대규모 투자를 받았다고 신문에 대문짝만 하게 나오곤 한다. 그래서 다들 대단한 회사라고 생각한다. 그런데 수익이 발생했다는 기사를 본 적이 있는가? 언론에 비친 정보가 모두 맞는 것은 아니다. 아니다 싶으면 의심을 해보고, 비판해보자. 그렇다고 무조건 까라는 것은 아니다. 건전한 비판을 위해서는 그만큼 공부가 필요하고, 해당 분야에 대해 많이 알고 있을 때 가능하다.

의심해야 본질에 다가갈 수 있다. 활자, 미디어에서 나왔다고, 그 사람들이 유명하다고 무작정 그들을 믿지 않기를 바란다. 명성이 의심을 침묵시키는 하나의 수단이 되도록 놔두지 말고, 항상 의심을 갖고 건전하게 비판하는 사람이 되자. 만약 지금 여러분 중 누군가가 저 아저씨 얘기 맞아? 하고 생각하고 있다면, 지금의 얘기가 먹힌 거다. 앞의 네 가지 내용을 충실히 지켜나가면, 바른취업은 문제도 아니다.

PART 2

지금은 취업전쟁 시대

1. 2016년 경제 환경과 취업 동향

　지난 2008년 글로벌 금융위기 이후 각국의 경제는 기나긴 침체기에 접어들었고 이는 일시적인, 또는 특정 국가에 국한된 위기가 아닌 세계 전반의 암흑기를 의미한다. 국내 경제 상황도 다르지 않다. 지난 수년간 국내 경제는 과거의 성장을 한참 밑돌았고, 올해 역시 전망이 밝지만은 않다. 정부 및 연구 기관에서는 올해 경제성장률을 더 이상 3%대가 아닌 2%대의 성장으로 얘기한다.

〈그림. 국내총생산 및 경제성장률〉

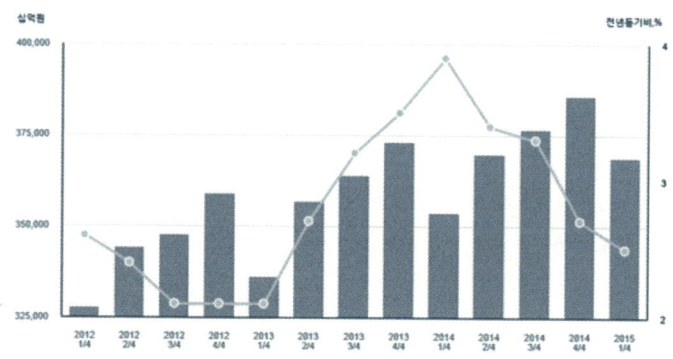

* 출처: 국가지표체계(http://www.index.go.kr)

이러한 장기간의 경기 위축은 기업 경영에 심각한 영향을 주며, 매출 감소와 손익 악화는 자연히 신규 투자 축소, 고용 정예화 등 기업 활동을 위축시킨다. 고용에 보다 초점을 맞추어 보자. 2016년 주요 기업의 채용 전망은 많은 대학생들이 한숨을 쉬게 만든다. 학생들을 공급자라고 한다면, 회사는 수요자이다. 수요자가 많으면 공급자가 유리해지는 것은 당연하다. 불행히도 현재 고용시장은 수요가 부족하다 보니, 학생들은 취업이라는 커다란 장벽에 부딪쳐 좌절하게 된다. 최근 언론에 비친 고용과 관련된 기사는 이러한 현실을 더욱 잘 반영하고 있다.

〈표. 채용 관련 언론 분석〉

번호	기사 제목	일시	출처
1	은행권 하반기 채용 '오리무중'… 속 타는 취업 준비생들	`16. 7. 06	세계일보
2	은행권 채용시장은 찬바람, 퇴직시장은 칼바람	`16. 6. 26	연합뉴스
3	울산·경남지역 채용 규모 줄어..조선업 구조조정 여파	`16. 6. 25	이데일리
4	경총 "올해 채용규모 전년보다 4.4% 감소 전망"	`16. 4. 26	이데일리
5	얼어붙은 취업시장, 고졸 채용도 축소 전망	`16. 4. 22	포커스뉴스
6	취약업종 구조조정에 기존업종도 신규채용 줄여… 올해 고용대란 일어나나	`16. 4. 26	국민일보
7	민간 기업 채용시장 먹구름 속 공공기관은 '취업 전쟁'	`16. 3. 15	파이낸셜뉴스

* 출처: '취업' 키워드를 활용한 미디어 조사(2016.07, 더와이파트너스)

이러한 경기 침체와 고용 시장의 축소는 실질적인 청년실업의 증가로 나타나고 있다. 매월 통계청에서 발표하는 청년실업률은 어느새 10%를 넘어 지난 2016년 2월에는 통계조사 이후 사상 최고치인 12.5%로 기록되었다. 더욱이 최근에 현대경제연구원에서 발표한 취업 현황은 더욱 놀랍다.

〈그림. 청년실업 현황〉

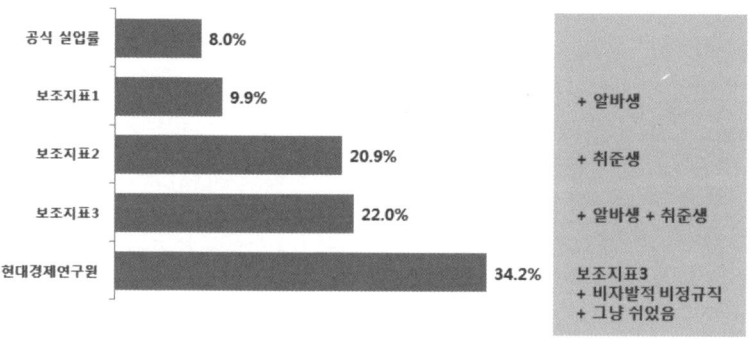

* 출처: 한국경제연구원, 한국일보(2016.6.14)

어떤 공식으로 계산된 실업률이 더 정확한가를 말하는 건 아니다. 그만큼 실제로 취업이 어렵고, 비싼 등록금을 내고 들어간 대학에서 졸업을 앞두고 있는 취준생들에게 취업 시장은 결코 관대하지 않다는 것을 보여주고 싶은 것이다. 그럼에도 불구하고, 청년 실업률이 9.0%이든, 30%이든간에 나머지 다수의 청년들은 어려운 환경 속에서도 취업을 한다는 사실을 잊지 말자. 헬조선 때문에 혹은 기업이 사람을 뽑지 않아서 취업이 불가능하다고 앙앙대지 말고, 취업을 하는 다수의 학생 속에 여러분들이 포함될 수 있다는 믿음을 가져보자.

2. 청년실업 해소를 위한 정부 정책

유례없는 청년실업의 증가에 따라 정부는 실업 해소를 위한 다양한 정책을 쏟아 내고 있다. 이는 최근의 일이 아닌 현 정부가 출범되기 전인 2013년 인수위에서 발표한 140대 국정과제에서도 일자리 창출에 대한 의지를 확인할 수 있다.

※ 박근혜정부 140대 국정과제:
   5대 국정목표, 23개 전략, 140개 국정과제로 구성

국정목표 1. 일자리 중심의 창조경제

– 청년 친화적 일자리 확충기반 조성(국정과제 8), 창업 · 벤처 활성화를 통한 일자리 창출(국정과제 21)

국정목표 2. 맞춤형 고용 · 복지

– 일을 통한 빈곤탈출 지원(국정과제 52), 맞춤형 취업지원 및 고용서비스망 강화(국정과제 53)

---

* 출처: 대통령직인수위원회

2016년 연초에 발표한 업무보고에서 정부는 다시 한번 청년실업 해소를 위한 강력한 의지와 실행을 위한 정책을 발표하였다. 정부의 정책 변화, 의지의 강화는 관련 기관, 공공기관, 나아가 민간기업 등 다양한 형태의 고용창출이 가능해지기 마련이다. 즉, 학생들이 취업을 준비하는 데 있어 직접적으로 영향을 끼치는 정책들도 있으니 꼭 확인해보길 바란다.

〈그림. 청년실업 해소를 위한 정부 정책〉

* 출처: 고용노동부 홈페이지

이렇게 정부의 강력한 의지에도 불구하고 취업 시장의 여건은 아직 추운 겨울이다. 청년들의 취업은 갈수록 어려워지는 것 같다.

기록 갈아치운 청년실업률…갈 곳 잃은 20대

정부, 일자리 대책만 6번째 발표…
"근본적 해결 없이 단기 대책으로는 해결 힘들어" 지적

박근혜 정부가 공들여 추진하는 '청년실업률 개선정책'이 돌파구를 찾지 못하고 있다. 매월 청년 실업률은 해당 월 기준 역대 최고치를 갈아치우고 있다. 특히 지난 2월 청년 실업률이 12.5%를 넘어서며 역대 최고치를 기록했다. 이는 1999년 6월 실업자 기준을 구직 기간 1주일에서 4주일로 바꾼 이후 가장 높은 수치이다. 이대로 가다가는 박근혜 정부가 지난 2013년 2월 25일 출범 때부터 강조해온 '일자리 중심의 창조경제'가 공염불에 그칠 수 있다는 우려가 나온다. 박근혜 정부의 일자리 정책이 처음부터 우려를 키웠던 것은 아니다. 지난 2013년 한국직업능력개발원은 "국정과제 중 많은 부분이 일자리 창출과 직접 관련 있고, 대부분이 직·간접적으로 연관돼 여러 분야에서 동시다발적으로 일자리 창출과 고용 안정을 지원하는 계획"이라며 "선거공약에서 한층 구체화된 계획 수립을 통해 실현 가능성이 높아졌다"고 장밋빛 분석을 내놨다. 그러나 박근혜 정부가 이후 선보인 청년 일자리 대책은 역대 정부가 내놓은 정책과 비교해 대동소이하다는 비난을 피해가기 어려웠다. 박근혜 정부는 2013년 12월 '청년 맞춤형 일자리 대책'을 시작으로, 2014년 4월 '일자리 단계별 청년고용대책'을 발표했다. 이어 11월에는 '청년 해외취업 촉진 방안' 등

5차례의 대책을 발표했지만 차별성을 찾기 어렵다는 지적이 잇따랐다. 앞선 청년 일자리 대책의 문제는 구직자가 원하는 일자리를 만들기보다, 기업에 세제·제정 지원 등의 인센티브를 줘 일자리를 늘리도록 하는 데 초점을 맞췄다.

하지만 결과는 기대와 반대로 나타났다. 정부는 지난 7월에도 '청년 고용 절벽 해소 종합대책'을 내놨지만, 결과는 청년 실업률 상승으로 나타났다. 박근혜 정부는 지난 4월 6번째 청년 일자리 대책을 야심차게 선보였다. 이번 청년 일자리 대책은 이전 대책과 가장 큰 차이점으로, 기업에서 청년 중심으로 바뀐 점이 꼽힌다. 이는 기업이 기존 정책을 통해 일자리 늘리기에 초점을 맞추기보다, 인건비 절감으로 활용한 부작용을 감안한 조치이다. 이번에 내놓은 대책은 그간 교육과 인턴 기회가 취업으로 연계되는 프로그램이 많았으나, 청년들이 정보부족으로 참여하지 못하는 일이 없도록 한 것에 초점을 맞췄다. 그러나 전문가들은 노동시장 이중구조, 저성장 기조에 맞춘 대응 등 근본적인 개선 없이 단기적인 지원책만으로 청년 실업을 해결할 수 없다고 지적한다.

(2016년 6월 27일 아주경제)

3. 취업을 위한 Step by Step

　취업은 회사와 개인의 상호 기대에서부터 출발한다. 회사는 기업 경영을 하는 데 있어 우수한 인재가 필요하고 이를 정규 채용을 통해 충족하려고 한다(이를 구인활동이라고 한다). 개인은 안정된 생활을 영위하기 위해 직장을 구하려고 한다(이를 구직활동이라고 한다). 다시 말하면 회사에서 필요한 인재와 본인이 가고 싶어 하는 회사를 구하려는 개인의 기대 사항이 상호 일치하면 채용이라는 산출물이 생겨난다.

　이러한 채용 과정은 처음 사람을 만나고 알아가는 맞선과도 유사하다. 처음 보는 남녀가 서로 알아가는 과정에서 궁금한 점에 대한 질문도 하고, 첫인상도 보고, 가끔은 그 사람의 배경을 궁금해하기도 한다. 대부분의 회사에서는 유사한 채용 절차를 거쳐 최종적으로 새로운 직원을 뽑는다. 회사별로 채용 절차가 다르게 느껴지는 것은 채용 절차의 다름보다는 각 단계별 지원자를 알아가는 방법에 있어 조금씩 차이가 날 뿐이다. 공통적으로 이해할 수 있는 채용 절차는 다음과 같다.

〈그림. 채용 프로세스〉

채용공고 〉 입사서류 〉 인·적성 검사 〉 면접

채용공고

회사에서 원하는 인재의 조건을 명시해놓은 기술서이다. 즉, 우리가 원하는 인재의 모습은 어떠하며, 어떠한 일을 할 것이며, 어떻게 뽑을 예정이라는 것을 명시해놓고 있다.

입사서류

회사와 지원자가 상호 대면하기 이전에 정해진 문서를 가지고 커뮤니케이션을 하는 단계이다. 입사서류는 크게 이력서와 자기소개서로 구성되어 있다. 입사서류는 회사와 지원자가 처음 만나는 과정이다. 사람의 첫인상이 중요하고, 기억에 오래 남듯이 입사서류는 취업의 첫 단계이자 매우 중요한 과정임을 기억해야 한다.

인 · 적성 검사

지원자의 인성(personality)와 적성(aptitude)에 대해, 회사에서 일 잘하는 사람의 특징으로 정리해놓은 개념(회사의 인재상 또는 핵심역량, 핵심가치 등)에 가까운 사람이 누구인지, 채용하려는 분야의 일(직무)에 맞는 특성을 많이 가진 사람이 누구인지 찾아내는 과정으로 대기업에서 많이 시행하고 있는 제도이다.

면접

회사와 지원자가 직접 대면하면서 질문과 답변을 통해 지원자를 판단하는 절차이다. 즉, 서류전형 등 다른 전형에서 확인하였던 사항을 직접 눈으로 확인하며 어떤 사람이 더 적임자인지 찾아내는 것으로, 인성 및 직무 역량에서 우리 회사 및 채용 예정 직무에 적합한 지원자인지 검증하기 위해 다양한 면접 방식을 사용한다. 어떤 회사이든 면접의 형태와 횟수의 차이일 뿐 지원자를 최종 선정하는 데 있어 가장 마지막으로 확인하는 단계이다.

PART 3

지피지기 백전백취

입사서류 작성에서 제일 중요한 것은, 해당 기업의 인재상 및 직무 역량과 연계된 자신의 강점을 강조하는 데 있다. 학생들의 자기소개서 유형을 보면 크게 다음과 같이 나뉜다.

- 질문의 의도와는 전혀 상관없이 자신이 하고 싶은 주장만 하는 자기소개서
- 질문에 대한 답은 했지만 근거 없는 주장만 해대는 자기소개서
- 질문에 대한 답을 했으나 자신의 강점을 주장하며 근거를 제시하는 자기소개서
- 두괄식으로 질문에 대한 답을 제시하며, 기업의 인재상 및 직무 역량과 연관된 자신의 강점을 어필하며 그에 대한 근거가 공감이 가는 자기소개서

한 명의 서류 검토 시간은 3분 미만이며 수 많은 입사 지원서를 빨리 보기 위해, 기업에서는 크게 두 가지를 중요시 한다. 첫 번째 각 지원회사의 '인재상' 또는 '직무 역량의 핵심가치'를 표현해주는 의미가 포함된 단어나 문장이 있어야 한다. 각 지원 회사의 '인재상' 및 '직무 역량'과 연결된 단어 또는 관련 내용이 없을 경우 그 지원자는 불합격이 된다. 예를 들어, 회사는 '열정', '창의'를 가진 지원자를 원하는 데 반해, 지원자의 자기소개서가 '성실', '정직'만을

강조하면 떨어진다는 것이다. 그래서 'Copy & Paste' 해서 제출한 자기소개서는 99%를 떨어지게 되는 거다(붙는 1%는 입사지원서를 읽는 채용 담당관이 게을러서 제대로 체크를 안 했을 경우이다). 두 번째는 위에서 언급한 자기소개서를 쓰는 형식이다. 1번과 2번 유형의 자기소개서는 지나가며 읽어도, 시간 낭비인 걸 알기 때문에, 바로 옆으로 버린다. 3번째 유형은 잠깐이라도 읽어 볼 가치를 느껴, 가끔 읽혀지기는 하지만 합격 가능성은 낮다. 마지막 4번 유형의 자기소개서를 보게 된다면 바로 합격일 뿐만 아니라, 면접 시 해당 질문 자체도 호의적으로 나갈 수밖에 없다.

1. 대한민국 대학생들은
왜 똑같은 경험을 어필하는가

같은 미용실을 다니시나 봐요?

비슷한 외모, 옷차림 등을 하는 사람들을 보면 우스갯소리로 하는 말이다. 대한민국에서 졸업을 앞둔 대다수의 대학생들은 동일한 경험, 동일한 깨달음, 지나친 과장을 자기소개서에서 필수 요소라고 착각하고 있다. 조금 더 고민한 학생은 수사 어구를 바꾸거나 더 극적으로 과장을 잘하면, '자기네들끼리' 서로 잘 썼다고 칭찬하며, 서로 공유하며 감탄하기 바쁘다. 간단한 예로 여러분들이 필수라고 생각하는 인턴 경험, 어학연수 경험이 과연 회사에서는 필수로 생각하는 경력 사항일까? 없는 것보다는 당연히 낫지만, 인턴을 안 해서, 어학연수를 다녀오지 않아서 떨어지는 경우는 결코 없다. 다만 학생들 스스로 그런 경험을 합격 필요조건으로 인식하고 있어, 다른 이유로 떨어졌을 경우에도, 그 경험들이 없으면, '아, 이것 때문에 떨어졌을 것이다'라고, 자기위안을 하는 것일 뿐이다. 거기에 더해, '학점은 최소 몇 점 이상, 토익은 최소 몇 점 이상이어야지 합격이다'라는 가짜 허상들을 본인들이 만들고, 서로 공유하기 때문에, 취업을 위한 필수 스펙이라는 괴물이 만들어지는 것이다.

〈그림. 자기소개서에 꼭 언급하는 경험〉

* 출처: 졸업 예정 대학생 200명 자기소개서 분석(2016.04, 더와이파트너스)

20년 넘게 살아온 청년들의 경험과 삶이 그렇게 단조로울까? 전공학과, 동아리 활동, 어학연수가 자신의 강점을 어필할 수 있는 유일한 요소일까? 우리 기억 속에는 분명 훨씬 더 가치 있었던 경험, 기쁨, 아쉬움, 성취감들이 있다. 하지만 이러한 소중한 경험들이 머리 속 깊은 기억 속에만 있을 뿐, 평소에는 바로 생각나지 않을 뿐이다. 우리가 감명을 받을 정도로 잘 쓰여진 자기소개서의 공통점은 절대 화려한 곳에서의 인턴 경험도 아니었으며, 높은 토익 점수도 아니었고, 오히려 소소한 일상생활에서의 가치 있는 경험과 배움을 표현했을 뿐이다.

자기 이해는 자신을 돌아보는 것에서 출발한다. 즉, 본인의 경험을 빠짐없이 기억해 내고 정리하는 과정이다. 어릴 적엔 강제 아닌 강제로 일기를 쓰며 본인의 삶을 기록했다. 취업을 위해서 제일 먼저 해야 할 일은 내 자신에 대한 철저한 이해이다. 그 이해를 바탕으로 나만의 강점과 차별화 요소를 뽑아내는 과정이 바로 '개인연대기' 작성이다. 이 작업은 맛있는 요리를 만들기 위해 다양한 재료를 먼저 확보하는 과정과 똑같다.

다음에서는 본인에 대해 정확하게 이해할 수 있도록 연대기 작성 방법에 대해 살펴보자.

2. 개인연대기 작성하기

연대기는 본인이 살아온 경험과 생각들을 시간의 흐름에 따라 기술하는 것이다. 혹자는 SWOT분석을 얘기하기도 하고, 개인 포트폴리오를 언급하기도 한다. 하지만 경영에서 사용되는 기법을 활용하면 마치 대단한 결과물이 나오는 것처럼 포장할 필요는 전혀 없다. 그냥 본인이 살아온 이야기를 쉽게 쓰는 것이 중요하다.

연대기를 작성하기 전에 스스로 질문해보기 바란다.

Q1. 내 삶에 있어 가장 감동적이었던 경험은 무엇인가?

Q2. 내 삶에 있어 가장 열심히 하였던 경험은 무엇인가?

Q3. 남들은 알아주지 않지만 스스로 가치 있다고 생각되는 경험은 무엇인가?

Q4. 내 삶에 있어 가장 힘들었던 기억은 무엇인가?

Q5. 사소할지라도 힘든 일을 포기하지 않고 끝까지 해낸 경험은 무엇인가?

Q6. 친구들이나 부모님, 가까운 사람들이 보는 나는 어떤 사람인가?

Q7. 자신이 생각하는 본인은 어떤 사람일까?

Q8. 용서받고 싶은 사람이나 용서하고 싶은 사람이 있는가? 그 이유는?

Q9. 살면서 나에게 가장 큰 영향력을 준 책 또는 글귀는?

Q10. 모든 제약을 떠나서 자유롭다는 가정하에 하고 싶은 일은?

Q11. 나에게 행복이란 무엇인가?

연대기를 작성할 때에는 다음의 절차를 따라 작성해보길 추천한다. 여러 학생들과 상담하는 과정에서 취업을 위한 본인의 경험을 빠짐없이 도출해 내는 데 효과적인 것을 확인하였다.

〈그림. 개인연대기 작성 양식〉

시점		상황	경험내용	느낀 점(배운 점)	역량/스펙
2015년	1Q				
	2Q				
	3Q				
	4Q				
2016년	1Q				

• 상황

그 당시에 본인이 처한 상황, 기분, 감정 상태

• 경험 내용

본인이 살아오면서 겪었던 주요 순간(경험)을 기술

※경험은 아주 거창하고 외형적 결과가 꼭 있어야 하는 것은 아니다. 첫 아

르바이트를 해서 부모님께 내복을 사드린 것처럼 소소하지만 본인에게 의미 있는 순간이었으면 그 경험이 본인에게 가장 훌륭한 경험이 될 수 있다.

- 느낀 점(배운 점)

경험 과정에서의 실수, 느낌, 다짐 및 배운 점, 경험을 통한 나의 행동 변화

- 역량/스펙

자신의 역량, 창의력, 진솔, 리더십 등의 단어로 표시, 정량적일 경우 숫자로 표시(토익 점수 등), 스펙과 관련된 사항도 표시(어학연수 등)

학생들은 자신이 한 일에 대한 가치를 깨닫지 못하고 일반적인 생각으로 접근하는 경우가 많다. 예를 들어 교환학생을 다녀 오면 단순히 글로벌 마인드라고 적는 것이다. 처음부터 어떤 경험을 통해 어떤 역량을 가지게 된다는 지극히 일반적인 생각으로 접근하기 때문이다. 자신을 그러한 사고의 틀에 가두지 말고 교환학생 생활 중 소소한 일상에서 느끼고 경험한 것을 바탕으로 다양하게 적는 것이 중요하다. 아래 연대기 사례는 학생이 직접 쓴 것이다. 요양원 봉사활동에서 의외로 다양한 상황을 경험하

며 열정, 자신감과 같은 요소를 잡아내었다.

연대기 작성은 잘하고 못하고가 없다. 본인의 가치 있는 경험을 자기소개서나 면접 시 빠짐 없이 설명할 수 있기 위한 기초일 뿐이다. 다시 얘기하면 개인의 경험을 판단할 필요도 없고, 점수를 매길 필요도 없다. 학생들이 실제로 작성한 연대기 사례를 소개하고자 한다.

<표. 개인연대기 사례>

활동 기간		1) 상황	2) 경험내용	3) 느낀 점 (배운 점)	4) 역량/ 스펙
16 년	2 Q	의무적으로 들어야 하는 봉사 수업을 들었습니다. 기본적으로 시간만 채우면 이수가능한 과목이었지만 해야 하는 일이라면 제대로 된 일을 하고 싶다는 마음이 있었고 요양원 봉사활동을 신청하게 되었습니다.	첫날 아침 일찍 찾아갔을 때 미리 연락을 드렸지만 회신이 없는 상태로 무작정 찾아갔습니다. 요양원 측에서도 인원이 많아 제가 필요하지 않았지만 와주었으니오늘 하루만 일을 해달라 부탁하였습니다. 잡다한 일을 처리하고, 하나의 큰 일이 주어졌는데, 요양원 바닥과 침대를 수세미로 닦고, 손 걸레 질을 하는 일이었습니다. 요양보호사 님들은 이 과제에 대해 이런 일까지 해야 하느냐고 불평하시기도 하고, 몇몇 분들은 다른 곳으로 가시기도 하였지만, 해야 하는 일이고 요양보호사 님들이 매일 고된 일을 하신다는 것을 알기에 내가 더 열심히 해내야겠다는 마음을 가지고 차근차근 일을 해나갔습니다. 함께한 분들과 일을 마쳤고, 이후 요양보호사 님들 뿐만 아	어떤 일을 하든 진심으로 일하면 좋은 결과를 가져온다는 점과 고된 일이라도 차근차근해낸다면 목표에 도달할 수 있다는 것을 다시 깨닫게 되었습니다.	자신감, 열정, 진심, 다른 사람의 입장을 헤아리는 일

16년	1Q	자신의 역량을 알고 싶었고, 더 높은 곳에서 시험해보고 싶었습니다. 정치 중립 단체인 대외활동에서 국회 인턴의 기회가 생겼습니다. 무작위로 의원실에 공문과 이력서를 보내어, OOO의원실에서 일하게 되었습니다.	니라 직원분들까지 열심히 하는 친구라고 칭찬을 받았습니다. 또, 마지막 날에는 언제든지 봉사하러 와도 좋다는 말을 듣게 되었습니다.		
15년	4Q				
	3Q		인턴으로 투입되고 일주일 후에 국정감사 일정이 확정되어 일에 대한 교육 없이 바로바로 일을 하게 되었습니다. 주로 한 일은 국정감사 때 쓰는 프레젠테이션에 삽입되는 엑셀 표를 작성하는 일과 보좌관님이 주시는 가이드라인에 맞게 자료를 수집하고 그 안에서 의미를 찾아내는 일, 기자들에게 배포되는 보도자료의 초안을 작성하는 일이었습니다. 공개되고 수많은 사람들 앞에서 쓰는 표이기에 실수가 있어서는 안 되고, 모든 표는 보도자료에 첨부되어 참석한 기자들에게 배포되기 때문에 명료해야 했습니다. 의원실 식구들은 모두 해야 할 일이 밀려 있어서 만든 자료에 대한 검토는 어려웠고, 책임은 모두 이를 만든 제게 있었습니다. 실수가 없게 하기 위해서는 수많은 검토와 집중이 필요했고, 주어진 가이드라인에 의문이 생기는 점은 자의적인 판단을 내리기보다 바로 질문을 하여 해결하였습니다.	책임이란 항상 결과로 인정받았습니다. 주어진 가이드라인은 말 그대로 기본 틀이었고, 살을 붙이는 것은 오로지 자신의 몫이었습니다. 그렇기에 많은 변수들이 있었고, 이를 해결하기 위해서는 지지 않겠다는 마음과 수많은 검토가 필요했고 이를 즐길 줄 알아야 했습니다. 상사 분이 OK하며 웃어 주실 때 설령 이 자료가 언론에 쓰이지 않더라도 해냈다는 마음에 기쁨은 가득했습니다.	무엇이든 해낼 수 있다는 자신감을 얻었습니다.
			국정감사가 끝이 나고 지역구 사무실로 자리를 옮겨서 한 일은 명분이 있는 큰 일보다는 지역의 일을 서포트하는 일에 초점이 있었습니다. 기본적으로 항의,	일의 크고 작음을 혼자 판단하기보다는 사소한 일조차도 주어진 의무	진심 어린 마음, 두려움

			불만 전화를 받아 기록하고 그때그때 주어지는 서류 작업, 정리, 토론회 준비, 컴퓨터 수리까지 온갖 일을 하였습니다. 이후 학기가 시작되어 제 빈자리를 걱정하시는 상황이 왔고 선거까지 자신의 마무리를 짓는 것이 중요하다 여기고 수업을 주2일로 몰아넣고 남는 날에 일을 도우러 갔습니다. 이후 일을 마치고 나서는 보좌관님께서 새로운 인턴을 뽑으시고 이들을 교육할 때 예전에 일하던 '근배처럼'이라는 말을 반복하신다는 말을 들었고, 해야 할 일을 해냈다는 뿌듯함을 얻었습니다.	라 생각하고 정성을 다하는 것이 중요하다는 것을 알았습니다. 감정적으로 꺼려지는 아파트에 보고서를 배포하는 일이나 캠페인들도 감정을 내려놓고 임하다 보면 어느 샌가 익숙해지고 잘하게 되었습니다. 모든 것은 진심 어린 행동이 수반되어야 한다는 것을 알았습니다.	보다는 자신 있는 태도와 행동
14년	1Q	신문사 대학생 기자단			
13년	2, 3, 4Q	호주에 가게 된 계기는 외국에 나가서도 자신이 홀로 설 수 있고, 누구보다 잘할 수 있다는 점을 증명하고 싶었기 때문입니다. 이에 2주 정도의 생활비를 모아 호주로 떠났습니다.	공장에서의 일은 고됐지만 후에는 모든 일은 단순한 반복이었고, 익숙함만이 남았습니다. 하지만 항상 일에 의미를 부여하고 싶었고, 가장 효율적인 동선을 연구하였습니다. 둘이서 반나절을 써야 하는 일을 홀로 오전 시간 중에 끝을 내기도 하였고, 기계를 멈추지 않기 위해서 동선을 바꿔보기도 하였습니다. 사장님께서는 자주 공장에 오셔서 일을 도우며 직원들의 동선을 살피곤 하셨고, 마음에 들지 않을 때면 심지어 자르기까	해야만 한다면 부딪혀보는 것이 중요하다는 것을 알았습니다. 자신을 가지고 부딪히면 좋은 결과를 만들어 내었습니다.	자신감, 열정, 인내

지 하였습니다.

하루는 사장님께서 제가 있는 파트에 1:1로 저를 대면하여 일을 하였고, 이때 주어진 일은 정량을 맞추어야 하는 하나의 절차가 추가되어 평소 속도의 절반밖에 내지 못하는 상황이었지만 지지 않겠다는 마음과 오기로 빠른 일 처리를 하려는 와중에 동선을 다시 만들어 내었고, 이후 일을 마치고 사장님의 미소를 볼 수 있었습니다. 공장에서 일하며 일에 관련해 한 번도 혼나는 일은 없었습니다.

3. 기업이해하기

앞장의 개인연대기 작성을 통해 자기 자신이 누구인지, 어떤 특징을 가졌는지 알 수 있는 경험들을 찾아냈으니, 이제 지원하는 회사의 기본 정보를 알아보는 성의를 갖자. 취업은 회사와 지원자간의 맞선이라고 했다. 아무리 뛰어난 개인일지라도, 아무리 좋은 회사일지라도 서로 궁합이 맞지 않으면 인연이 될 수는 없기 때문이다.

지원 회사를 공부하다 보면 많이 쓰이는 단어를 찾을 수 있다. 글로벌, 창의, 소통, 고객, 기획, 문제 해결, 도전 등은 대부분의 기업에서 인재상, 경영 방침 등에 사용할 수 있는 최고 레벨의 단어이다. 그럼 여러분들은 자소서에 위 단어를 수 없이 열거할 것이다. 그런 단어를 써야 해당 역량을 갖춘 인재로 보지 않을까 생각해서이다. 이것만은 꼭 기억하자. 회사에서는 이러한 역량을 갖춘 인재를 뽑고자 하는 것일 뿐, 이런 단어를 사용하는 사람을 뽑는 것이 아니다. 당신의 글과 말을 통해 해당 역량을 갖춘 인재인지를 면접관이 판단하는 것이지, 당신이 답해주는 것이 아니다. 식상한 말보다는 의미를 전달할 수 있는 자신만의 언어로 바꾸자. 세부 내용은 자기소개서 파트에서 다시 한번 언급하겠다.

인터넷, 스마트폰 등과 같은 정보 기술의 발달로 인해 기업, 직무, 취업과 관련된 많은 정보들을 손쉽게 찾아볼 수 있다. 어쩌면 더 이상 정보를 못 구해서 격차가 발생하는 일은 발생하지 않을 것이다. 누가 정보를 알고 있는가에서 이제는 누가 정확한 정보를, 빠르게 찾아내는가에 대한 접근으로 바뀌는 것이다. 그러나 거짓된 정보, 정확하지 않은 정보는 여러분들을 혼란에 빠뜨릴 수도 있다. 정보의 세상에 살고 있는 지금, 정확한 정보를 확보하고 활용하는 데 여러분들의 귀한 시간을 사용할 때, 성공적인 취업에 한걸음 나아갈 수 있게 되는 것이다.

회사에 대한 기본 정보도 없이, 단지 멋져 보이는 회사이므로, 연봉을 많이 주니까, 선배들이 지원했던 회사니까, 아무 생각 없이 지원하는 철없는 행동은 하지 말자. 회사에 대한 정보를 찾아보고 숙지하는 것은 여러분이 앞으로 다니게 될 회사에 대한 예의이며, 아래의 다섯 가지를 조사하는 데 2시간도 걸리지 않는다. 그 정도 시간은 투자하자. 가끔, 어떤 컨설턴트들은 본인이 다닐 회사니까 충분한 시간을 가지고, 재무제표부터 각종 데이터를 분석

하라고 가르치는데 웃기는 소리라 할 수 있다. 현재 회사에 다니는 주위 선배들이나 삼촌들에게 재직 회사의 재무제표에 대해 물어봐라. 절대 대답 못한다. 회계팀에 지원할 것이 아니면 시간 낭비하지 말고, 2시간 미만만 투자하자. 지원하기 위한 자기소개서 질문 문항을 '수십 회' 읽어보고, 질문의 '요지'를 정확하게 숙지한 후 기업 이해표를 작성하게 되면, 다음 단계인 자기소개서 작성이 훨씬 수월해질 것이다.

〈그림. 기업 이해표〉

항목	주요 내용
비즈니스 영역	
인재상/직무역할	
재무현황	
시장현황/경쟁동향	
외부 언론자료	

• 비지니스 영역(홈페이지)

지원하는 회사가 어떤 회사인지 조사하는 건 기본이다. 주요 개요, 사업 분야, 지표 등은 메모하자.

• 인재상 및 직무역할(홈페이지)

회사는 어떠한 인재를 선호하는지, 어떠한 사람을 채용하려는

지 확인하자. 특히 직무에 관한 소개와 요구 사항(Qualification)은 채용에 있어 매우 중요한 정보임을 잊지 말자. 이를 바탕으로 본인의 강점을 어필하는 거다. 이미 얘기했듯이, 회사는 '창의적 인재'를 원하는데, 저는 '성실한 사람입니다'라고 쓰는 우를 범하지 말자.

• 재무현황(다트, 홈페이지)
회사의 주요 재무지표는 매출, 수익, 주가 등이 있다. 최근 3년 정도를 간단히 확인하면서 추이를 기억하면 좋다.

• 시장현황 및 경쟁사 동향(홈페이지, 외부 공시자료)
회사를 안다는 것은 회사가 처한 시장의 상황과 주위에 있는 경쟁 회사의 동향을 알아야 하는 것과 같다. 특히 이 부분의 내용과 실제 자기소개서 질문문항과 연결되는 부분이 많으니, 주의 깊게 살펴보자.

• 외부 언론자료
기업 관련 기사 중에서 긍정적인 기사는 대부분 회사에서 보도자료를 만들어 배포하는 것이다. 즉, 외부 사람들이 알아줬으면 하는 내용으로 지원자 역시 반드시 알아야 하는 것이다.

위의 5가지 분야에 대해 A4 한 장 정도로 간략하게 정리만 하면, 기업의 원하는 메시지를 확인하고 이해하는 데 충분하다. 특히 '숫자'는 잘 기억하길 바란다.

추가적으로, 취업을 준비하는 입장에서 기업 정보를 확인하는 데 꼭 필요한 채널과 가급적 추천하지 않는 채널을 소개하겠다. 옳고 그름의 판단은 스스로 하기를 바란다.

홈페이지

홈페이지는 기업의 얼굴과 같은 존재이다. 많은 사람들이 기업을 알기 위해 홈페이지에 접속하고 있으며, 마찬가지로 기업은 홈페이지를 통해 다양한 기업 정보를 공개하고 있다. 또한 홈페이지는 기업의 가장 최신 정보를 접할 수 있는 것이다. 가끔 학생들이 조사한 자료를 보면 일부 과거 내용이 있는 것을 확인할 수 있다. 블로그와 같이 정보를 2차 전달(Feeding)하는 채널은 정보의 신뢰성에 대한 우려가 있음으로 가급적 기업 홈페이지를 통해 정보를 확인하는 습관을 권장한다.

미디어

각종 온·오프라인 미디어 매체를 통해 생성되는 기업 정보 또한 기업의 최신 정보를 확인하는 데 유용하다. 특히 자기소개서나 면접에서 가장 최근에 노출된 정보를 기억해두는 것은 해당 기업에 대한 관심을 보여주는 데 있어 효과적이다. 하지만 미디어 검색 시에는 공정성에 대한 주의가 필요하다. 사실 전달이 아닌 논평과 같은 의견 제시일 경우 자칫 기업에서 지향하는 모습과 정보의 목적이 다를 수 있기 때문이다.

지속가능경영(사회책임경영)보고서

최근 기업의 사회적 책임(Corporate Social Responsibility)에 대한 사회적 요구가 증대됨에 따라 많은 기업에서 지속가능경영보고서를 발행하고 있다. 한국생산성본부 조사에 따르면 2015년 기준 보고서를 발행한 기업은 누적으로 215곳이다. 우리가 흔히 알고 있는 대부분의 기업에서 이러한 보고서를 발간하고 있다. 지속가능경영보고서의 가장 큰 특징은 기업의 다양한 재무, 비재무적 정보를 한 권의 책으로 담고 있다는 것이다. 즉, 사업 분야, 인사제도, 채용 등 지원자가 궁금해하는 내용을 한 번에 찾아볼 수 있다. 최근에는 면접 시 CSR에 대한 질문도 종종 출제되고 있다. 그러므로 보고서를 통해 해당 기업에서 어떠한 사회적 활동을 중점적으로 하는지를 미리 확인하는 것은 또 하나의 경쟁력을 만들 수 있는 것이다.

다트 – 재무경쟁력(Financial Performance)

상장기업의 재무지표를 통합 공시하는 채널이다. 굳이 두껍고 이해하기 어려운 사업보고서를 확인하지 않더라도 최근 경영지표를 확인할 수 있다. 또한 주요 경쟁 기업과의 지표를 비교함으로써 회사의 재무경쟁력(Financial Performance) 또한 확인이 가능하다.

취업 정보 공유 사이트의 두 얼굴

포털 사이트에 취업을 검색하면 사이트, 블로그, 카페 등 여러 채널을 통해 취업 관련 정보를 제공하는 채널을 손쉽게 찾을 수 있다. 정말 좋은 정보들 많다. 굳이 돈을 들이지 않더라도 많은 사람들의 성공담과 노하우를 얻을 수 있다. 하지만 이러한 오픈소스(Open source)의 가장 큰 맹점은 정보의 신뢰성 문제이다. 정보를 맹목적으로 믿고, 그렇게 하면 다들 취업에 합격할 수 있다는 마음을 가지게 한다. 그게 진실이라면 대한민국에 취업 안 되는 사람이 어디 있겠는가. 항상 조심하자.

(예시) 현대모비스 경영 지원 직무

항목	주요 내용
비즈니스 영역	부품 제조: 모듈(Cockpit, Front End, Chassis), 핵심 부품 (안전 제품, 제동시스템, 조향시스템, 에어 서스펜션 시스템, 신소재), 친환경 핵심 부품, 멀티미디어, 자동 순항 시스템 AS 부품: AS 부품 공급 (물류, 재고, 시스템)
비전/인재상/ 직무역할	현대자동차그룹 핵심가치: 고객 최우선, 인재존중, 도전적 실행, 글로벌 지향, 소통과 협력 현대모비스 비전: (2020 글로벌 탑티어) 중장기 방향: 모듈 중심에서 전자화 중심의 사업구조 전개 인재상 1. 도전적 추진력으로 실행하는 모비스인 2. 소통과 협력에 앞장서는 모비스인 3. 글로벌 경쟁력을 갖춘 모비스인 4. 고객 만족을 최우선시 하는 모비스인 5. 인재 존중의 기업문화를 실천하는 모비스인 　경영지원 직무: 인사, 인재개발, 총무, 홍보, IT업무
재무현황	2015년 매출액: 36조 영업이익: 2조 9천 순이익: 3조 영업 이익률: 7.9% 순이익률: 7.28% 주요 제품 매출 구성: AS 부품 사업 17.5%, 모듈 및 부품 82.5% 총 직원 수: 8,569명 최근 5년 매출액은 증가세이나 영업이익률과 순이익률은 감소 추세 (2011년 영업이익률 10%대→8%대) 해외법인 매출 현황: 유럽 지역 모듈 20% & AS 6.7% 상승 미주지역 AS: 22% 상승, 중국 지역 모듈부분 8.3% 하락 등

시장현황/경쟁동향	경쟁사 현황: 보쉬, 덴소, 마그나, 콘티넨탈
외부 언론자료	1. 현대모비스 공급망 다변화 모색 중(미국, 유럽, 중국) 2. 현대차그룹 계열사들의 회사채 발행 규모도 점차 줄어드는 추세(현대모비스 2013년 이후 회사채 X) 3. 현대모비스 미래차 기술개발 현황 자율 주행차(적응형 순항 제어장치, 2020년 자율주행기술 양산차 적용 목표) 4. 친환경차(친환경 핵심부품의 공용화 추구, 충전기 베터리 제어기 자체 개발) 5. 현대차 의존도 낮춘다 (2025년까지 해외 신규거래선 납품비중 1.5배 확대)

<표. 자기소개서 매칭>

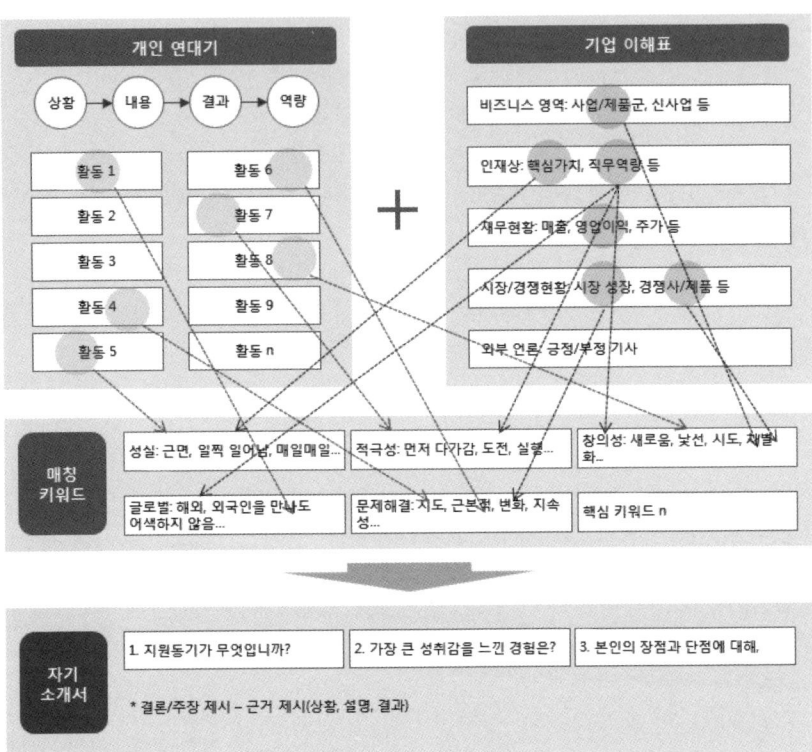

PART 4

이력서, 자기소개서 작성

잘못된 정보와 말도 안 되는 조언의 결과로 나온 수준 낮은 자기소개서가 난무한다. 십수 년 직장생활을 해서 속세에 찌들어 있는 우리 꼰대의 관점에서 보면, 채용 담당이 좋아하고 합격시키는 자기소개서는 그야말로 뻔하다. 이 글을 읽는 학생들은 이 책 저 책, 이 정보 저 정보 찾느라 귀한 시간 낭비하지 말고, 이 한 권의 책으로 입사서류 작성을 끝내자.

이력서를 잘 작성하는 것도, 자기소개서 못지않게 중요하다. 그럼에도 불구하고, 대부분의 취업 관련 책이나 취업컨설턴트들은 이력서 얘기를 안 한다. 왜? 이력서는 스펙으로 채워야 하므로, 해줄 말이 없다고 생각하기 때문이다. 하지만, 이력서와 자기소개서는 분리할 수 있는 성질의 것이 아니라, 세트이므로, 이력서 또한, 심혈을 기울여 작성해야 한다. 둘 중 어떤 것이 더 중요하냐고 묻는다면, 당연히 이력서다.

우리와 함께 취업 멘토링을 하는 분들은 지금까지 약 10,000여 명 취준생들의 이력서와 자기소개서를 해당회사의 면접관으로 심사했고, 2,000여 명을 멘토링 하면서 직접 첨삭했다. 그간 하나도 손댈 것이 없을 정도로 완벽하게 작성한 입사서류도 있었지만, 대부분의 학생은 이력서와 자기소개서의 정확한 의미와 쓰는 목적에 대해 모르는 것이 확실함을 느끼게 해준다. 이력서는 정량적인 데이터, 단답형 기술형 단어로 주로 표현하고, 자기소개서는 정성적인 문장형 언어로 표현하게 된다. 즉, 형태만 다를 뿐 이력서와 자기소개서에 담긴 내용은 상호 일치(coupling)해야 한다는 것이다. 이력서를 보는 면접관과 자기소개서를 보는 이가 다르지 않다. 따라서 이력서에서 취미가 활동적이라고 되어 있으면 자기소개서에서도 활동적인 내용이 있어야 함에도 불구하고, 따로 노는 경우가 생각보다 훨씬 많다.

이력서와 자기소개서에 대한 일반적인 의미를 먼저 살펴보자.

1. 이력서 해부

이력서(履歷書, resume) :
취업을 목적으로 자신의 정보를 기재해 회사 등에 보여주기 위해 제출하는
문서

 이력서는 정해진 틀(양식)에서 본인이 살아온 경력과, 본인이 어떤 사람인지에 대해 작성하는 것이다. 즉, 10~20개 되는 공통된 항목 속에 지원자의 속성을 기록하는 것으로 가장 큰 특징은 '객관성'이다. 복수의 면접관들은 본인의 경험, 직무 역량, 나이 등 여러 조건에 따라 똑같은 사물일지라도 다르게 판단하게 된다. 따라서 객관성, 즉 최대한 동일한 결과값을 얻기 위한 도구가 이력서라고 보면 된다.

I. 기본인적사항

(사진)	응시분야		희망연봉			
	성명(한글)		주민등록번호			
	성명(한문)		나이		성별	
	성명(영문)		E-MAIL			
	휴대전화		자택전화			
	SNS					
	주소					
취미		특기		종교		
신장		체중		혈액형		
결혼여부		교정시력		보훈대상		
흡연여부		장애여부		장애구분/등급		

II. 학력사항

학교명	기간	학과(주전공/부전공)	학점	졸업구분	소재지

III. 경력사항

경력 사항 (업무)	회사명	근무기간	근무부서	직위	퇴직사유	연봉
해외수학 (연수) 및 수상경험	기관명	기간 ~ ~	국가		도시	졸업/수료
봉사 활동 경험	기관명	기간 ~	봉사내용			증빙유무

IV. 자격사항

외국어	시험명	점수	등급	취득년월일	인증기관
자격증	자격명	자격급수		취득년월일	발급기관

사진

우리가 생각하는 이력서상의 사진은 단지 지원자의 모습을 확인
하기 위한 도구 이상이다. 사람들과의 관계에서 첫인상이 매우 중

요하고 오랫동안 기억에 남듯이 이력서의 사진 또한 상대방에게 보여주는 첫인상으로 생각하자. 최근 모 항공사에서는 이력서에 사진 항목을 없앴다고 한다. 그런데 서류에서 합격하면 지원자들의 전신사진을 찍는다. 이게 과연 외모를 안 보는 것인가? 그렇다고 해서 여러분에게 사진이 중요하니 비싼 사진관에서 촬영을 하라고 추천하지는 않는다. 일부 학생들은 5만 원 이상의 비싼 가격을 지불하고, 강남의 고급 사진관에서, 파란 바탕에 똑같이 치장한 모습으로 '단 한 번' 찍은 후, 그 사진을 많은 회사에 지원하는 데 활용한다. 그것보다는 1-2만 원짜리 사진을 여러 번 찍어서, 30대 중반부터 40대 중반의 본인과 관계없는 어른들에게 보여 준 후, 잘 나왔다고 얘기하는 사진을 이력서 사진으로 선택하길 바란다. 절대 이력서에 넣을 사진을 친구들이나 연인에게 혹은 부모님들에게 예쁘게 나왔냐고 묻지 말자. 친구들은 호들갑 떨며 예쁘다고 할 것이고, 부모님은 '아이고 예쁜 내 새끼' 할 것임이 분명하다. 반드시 주위 어르신, 10살 이상 차이가 나는 학교 선배 등 기업 면접관 정도의 연령대이신 분들에게 보여주고 잘 나왔다고 하는 사진을 쓰자.

대부분의 남자 학생들의 사진은 헤어 제품을 잔뜩 바른 타입, 여자 학생들은 머리를 단정하게 뒤로 넘긴 형태로 천편일률적이다. 왜 그렇게 찍었냐고 물으면, 전문 사진기사가 가이드 했다고 한다.

그럼, 취업도 전문 사진기사한테 물어보고 해라. 그들이 여러분을 채용하는 것이 아니다. 모두가 똑같은 모습으로 사진 찍을 이유가 전혀 없다. 소개팅을 생각해보자. 여러분들은 멋진 인연을 만나러 가는 자리에 어색한 가르마를 타고, 머리는 올백을 하고 그렇게 가는가? 아니면, 자연스럽게 최대한 예쁘게 하고 가는가? 소개팅과 면접은 다르다고 생각하는가? 아니다. 그런데 왜 사진은 천편일률적으로 똑같이 찍는 것이 맞다고 믿는가. 면접도 소개팅과 마찬가지로 사람과 사람이 만나는 행위이다. 본인을 가장 잘 나타낼 수 있는 스타일이면 충분하다. 남들과 똑같이 하지 말자.

희망연봉

많은 학생들이 중소기업에 지원하지 않는 이상 희망 연봉을 낮게 쓰는 경향이 있다. 그렇게 해야 겸손하게 보이는 것으로 인식한다. 만약 본인이 낮게 쓴 금액으로 일을 하라고 한다면, 진짜 오랫동안 일을 할 것인가? 그렇지 않다면 정상적인 범위 내에서 소신껏 쓰길 바란다. 기업들의 신입 연봉을 확인하려면 공공기관의 경우 공공기관 알리오(www.alio.go.kr), 민간기업의 경우 각 사의 지속가능경영보고서 또는 재무 공시자료에서 찾아볼 수 있다.

주소

지방에서 온 친구들은 기숙사 또는 자취를 하게 된다. 이때 현 주소를 써야 할지, 원래 주소를 써야 할지를 고민한다. 우리는 현 주소를 입력하기를 추천한다. 지역을 강조해야 하는 특별한 이유가 없기 때문이다. 또한 혹시나 지역에 따른 인식이 가끔 편향된 이미지를 줄 수도 있기 때문이다. 어떤 여학생을 면접한 적이 있다. 긴장을 풀어주기 위해 "사는 곳이 학교와 근처이시네요" 하자, 학교 기숙사 주소를 입력한 것이며, 자취하고 있는 주소를 명기하면 혹시나 정보가 유출되어 문제가 생길 수도 있을 것 같다고 답변을 하였다. 여학생들은 참고하면 좋을 것 같다.

SNS

최근 일부 기업에서 블로그, 페이스북 등 SNS를 적는 항목을 넣었다. 잘 활용하면 평소 본인의 모습을 가장 잘 보여줄 수 있다. 그러나 자신이 없으면 적지 말자. 자기소개서에는 외향적이고 친구가 많다고 적었는데, SNS에는 하루 좋아요 숫자 혹은 방문자가 10명도 안 된다면 면접관들은 여러분이 거짓말하는 것을 자동으로 알게 된다. 요즘은 40대 이상에서도 여러분들 못지 않게 SNS를 잘하는 분들이 많다는 것을 기억하자.

연락처

이메일은 가급적 2개를 쓰는 것이 좋다. 비대면 채널의 가장 큰 약점은 수신자와 송신자가 항상 매칭(확인)되지 않을 수 있기 때문이다. 우리도 사회 경험을 하면서 고객은 이메일을 보냈다고 하는데, 나는 받지 못한 경우가 종종 있다. 또한 정보보안 강화로 인해 스팸(SPAM) 처리가 되는 경우도 있다. 준비된 자세임을 보이자. 그리고 이메일 주소에 너무 특이한 스펠링이 있다면 재 확인하자. 상대방이 어떻게 해석하냐에 따라 본인의 평가가 달라질 수도 있다. 가장 좋은 이메일 주소는 본인의 풀 네임이 들어간 이름이다.

학력/학점

학력, 경력 사항 등 시점을 명기하는 항목은 항상 최신의 내용부터 역순으로 기록해야 한다. 최근 3년간의 당신 모습과 지난 20년 전의 당신 모습 중에서 어떤 것이 지금의 당신과 더 가까운가를 생각해봐라. 학력 사항은 주로 대학교(대학원), 고등학교 정도만 입력해도 충분하다. 전과를 했으면 이전의 과도 써라. 특히 공대, 인문대, 상대 등 단대의 경계를 벗어난 전과는 차별화가 될 수 있다.

학점과 같은 지표는 망대특성(높으면 높을수록 좋은 특성)이다. 그렇다고 4.0점과 4.3점의 차이가 합격과 불합격을 결정하는 중요한 요소일까? 4.0이나 4.3이나 우리가 보기엔 똑같다. 단, 너무 학점이 낮은 학생들은 왜 학점이 낮은가에 대해 자기소개서에 기술하길 바란다(자격증, 고시 준비 등이 될 수 있다). 어떠한 설명도 없다면 공부를 못하거나, 머리가 나쁘거나, 성실하지 못한 사람으로 판단해버릴 수 있다. 어떤 친구는 등록금을 번다고 밤마다 아르바이트 해서 학점이 낮다고 기술하였다. 어떤 면접관에게는 인정이 될 수도 있다. 학점은 높은데 다른 활동 사항이 없으면 공부만 한 샌님으로, 학점은 낮은데 활동이 많으면 적극적인 인물로 보여질 수도 있다. 반대로 학점도 높은데 다른 활동 또한 많으면 열심히 살아온 친구로 비춰질 것이고, 학점도 낮은데, 다른 활동도 없으면 바보로 비춰지게 된다.

경력 사항

경력은 회사와 학생이 공식적인 계약을 체결하여 정해진 직무를 수행하는 것을 말한다. 우리가 흔히 얘기하는 인턴이 대표적인 경력으로 볼 수 있다. 최근에는 정규직 전환형 인턴 제도를 운영하는 기업이 증가함에 따라 많은 학생들이 인턴에 대해 관심을 가지고 있다. 인턴 경험이 많으면 다양한 주제에 대해 설명할 수 있지만, 본인이 희망하는 기업 또는 직무와 무관한 인턴 경력은 작성에 있어 주의가 필요하다. 본인이 수행했던 담당 업무에 전략 수립, 기획 등 인턴이 할 수 없는 것은 적지 말자. 어떠한 회사도 인턴에게 그런 일을 시키지 않는다. 인터넷 조사, 엑셀 정리, 복사 등 실제로 수행한 내용을 기록하면 된다.

경력 내용이 부족하다면, 아르바이트 경험도 경력 사항에 적자. 다만, 애초부터 서비스 업종에 취업할 거 아니면 커피숍에만 집착하지 말고, 다른 아르바이트를 하는 것을 고려해보자. 단, 5일간의 경험도 좋다. 본인이 희망하는 기업, 직무 관련 아르바이트는 찾기 나름이다. 일반 서비스 업종이나 마케팅 직무를 희망하는 학생은 가판대 판매 경험이라도 만들자.

대외활동

사회 경험으로 동아리 활동, 대내외 봉사활동 등을 들 수 있다. 특히 봉사활동은 기업들의 사회적책임(CSR), 사회공헌 활동이 증가함에 따라 취업을 위한 학생들에게도 좋은 경험이 되고, 회사에서 운영하는 대학생 봉사단 등에 참여를 하면 채용 지원 시 가점을 주는 회사도 있다. 특히, 공기업에 지원하는 친구들에게 봉사활동 경험은 무척 중요하다.

구분	경력	경험
근무조건	일정 보수, 일정 기간	무보수가 다수
고용보험	가입 (일부 아르바이트는 미가입이 많음)	-
수행업무	기업 내 직무 관련 (아르바이트는 단순직)	-
유형	인턴, 아르바이트	봉사활동, 동아리활동, 어학연수 등

자격증

흔히 취득하는 MS오피스활용능력(MOS), 운전면허증, 또한 단기 학습으로 취득 가능한 금융자격증 등은 그다지 차별성을 가지지는 못한다. 더군다나 지원하는 기업 또는 직무와 관련 없는 자격증은 오히려 역효과가 될 수도 있다. 만약 자격증이 없으면 매경테스트를 보자. 이왕이면 600점보다 800점을 넘기자. 정상적인 대학생활을 했으면, 2주도 안 되는 짧은 준비로 시사상식을 재점검해보고, 자격증란에 한 칸 채울 수도 있다. 금융권 지원하는 친구들은 취득하는 데 한 달도 안 걸리는 자격증은 따놓자. 우리는 '잡자격증'이라고 부르긴 하지만, 어찌됐거나 합격에 도움이 된다니 미리 따놓자.

어학

토익 점수는 700점이 안 되면 쓰지 말자. 없는 것보다 더 약점이 될 수 있다. 토익 점수가 800점인데 토익스피킹이 6레벨이면 토익스피킹만 쓰자. 토익 850점이나 930점은 해당 회사에서 특별한 평가기준을 정해놓지 않으면 별 차이 없다. 10~20점을 올리기 위해 시간을 소비하지 말자. 실제 언어 구사 능력이 중요하며 영어를 잘한다고 판단되는 지원자에게는 면접 자리에서 영어 답변을 요구할 것이다. 이때 본인의 영어 실력을 직접 보여주면 된다.

수상 경력

이력서의 모든 항목에서 빈칸이 없었으면 좋겠다. 빈칸이 있어도 되는 것을 굳이 회사에서 양식에 포함시키지 않기 때문이다. 수상란에 반드시 대단한 이력만 넣어야 하는 것은 아니다. 수업 시간도 좋고, 교내도 좋고, 4년 동안 수상한 이력이 없다는 것은 말이 안 된다. 만약 그렇다면 그냥 취업을 포기해라.

취미/특기

이력서 항목에서 유일하게 주관적인 사항을 기술하는 항목이다. 즉, 작성에 따라 본인의 강점을 더욱 부각시킬 수 있고, 약점을 상쇄시키기도 한다. 가장 자신 있는 내용을 쓰고, 면접 때 실제로 증명할 수 있어야 한다. "남들 웃기기, 사람들과 말하기" 이런 것은 쓰지 말자. 면접관들을 진짜 웃길 수 있을 정도의 능력이 없다면. 수영, 승마 등 스포츠로 쓰자. 하지만 잘하든 못하든 반드시 해당 취미와 특기에 대한 최소한의 지식은 확보해야 한다.

이력서를 다시 요약하면, 정해진 양식에 단답식으로 본인을 표현하되, 빈칸이 없도록 해야 한다. 가끔 대단한 이력을 적어야 좋은 인상을 받는다고 생각하는 학생이 많다. 또는 일부 빈칸이 있어도 다른 차별화를 가지고 있다고 자신하는 학생도 있다. 공인회계사 취득, 사법고시 패스 등 사회적으로 인정해주는 대단한 이력이 있다면 빈칸이 많아도 된다. 아닌 이상 본인을 가장 잘 보여줄 수 있는 항목으로 주어진 요건을 모두 충족하도록 노력해야 한다.

2. 자기소개서 해부, 그리고 Matching

자기소개서(自己紹介書, self-introduction document)
: 본인을 소개하기 위한 목적으로 본인의 성장 환경이나 장점들을 나열하여 타인에게 상세한 정보를 제공하고자 작성하는 문서

　자기 소개서에서 가장 중요한 부분은 여러분이 작성한 '개인연대기'와 '기업이해하기'에서 '추출 된 단어'들을, 자소서의 질문항목에 투영시켜, 자신은 그러한 역량 또는 특성을 가진 사람이라고 표현하고, 이를 상대방에게 공감시키는 것이다.

　공감이라는 것에 대해 조금 더 부연 설명하자면, 기업 담당자는 단순히 지원자가 어떤 경험을 했다고 해서 당연히 그러한 능력이 생겼을 것이라고 절대 생각하지 않는다. 즉, 학생들이 저지르기 제일 쉬운 일반화의 오류를 범하지 말라는 것이다. 가장 간단한 예로 '저는 어학연수를 다녀와서 글로벌 마인드가 있습니다'라고 썼다고 치자. 서류 확인 담당자는 이러한 글을 보면 바로 옆으로 제쳐두

게 된다. 아주 흔해 빠지고, 상투적이며, 어학연수를 다녀온 수많은 학생들이 적는 진부한 내용이기 때문이다. 이보다는 '어학연수 생활에서 시도 때도 없이 공원에 나가 한가로워 보이는 어르신들과 대화를 하려고 노력해보았습니다' 또는 '일부러 길거리 홍보 알바를 찾아서 여러 사람을 대면하는 과정을 통해 외국인과도 소통해본 경험이 있습니다'라는 문구를 쓴다면 이에 대해 쉽게 공감하게 되는 것이다. 즉, 자신이 주장하고자 하는 부분에 대한 시간 할애보다는 주장에 대한 '근거'를 얼마나 치열하게 생각하고 찾아내느냐가 핵심인 것이다. 자기소개서는 앞서 작성한 '개인연대기'와 '기업 이해하기'를 통해 만든 두 가지 표를 통해, 본인과 기업을 연결시켜서 작성하는 것을 원칙으로 한다.

〈그림. 개인연대기와 기업 이해표 연결하기〉

시점		상황	경험내용	느낀 점(배운 점)	역량/스펙
2015년	1Q				
	2Q				
	3Q				
	4Q				
2016년	1Q				

:: 기업이해표 :: 매칭검토

항목	주요 내용
비즈니스 영역	
인재상/직무역할	
재무현황	
시장현황/경쟁동향	
외부 언론자료	

이력서, 자기소개서 작성

자기소개서는 '질문 의도'를 파악하는 것이 매우 중요하다. 하나의 질문만을 제시하는 회사는 없다. 복수의 질문들은 때로는 독립적으로, 때로는 종속적인 의미를 가진다. 이를 맥락 분석(context analysis)이라고 한다. 왜 이런 질문을 할까. 이 질문을 통해 면접관이 과연 무엇을 알고 싶어 하는 것일까를 먼저 고민해야 한다. 상대방의 의도를 모르면서 답변을 한다는 것은 내 입장에서 말을 하는 것이고, 내 말을 그냥 들으라고 하는 일방적 소통에 지나지 않는다.

회사는 좋은 사람을 뽑으려고 하지 않는다. 좋으면서도 필요한 사람을 뽑는다. 좋은 사람이라는 것을 다른 용어로 인성이라고 얘기한다. 필요한 사람을 적성이라고 한다. 즉, 회사는 인성과 적성이 회사와 일치하는 사람을 뽑기 위해 자기소개서를 통해 지원자가 어떠한지를 판단하고 싶어 한다.

〈2015년 상반기 인천국제공항공사 자기소개서 항목〉

1. 본인의 장점에 대해 기술하고 그 장점을 발휘해 성공적으로 일을 처리했던 경험, 그리고 이러한 경험이 인천공항에 어떠한 기여를 할 수 있을지에 대해 기술하세요(100자 이상 600자 이내).

2. 인천국제공항공사의 인재상 3가지 중 자신에게 가장 잘 어울리는 것
   을 선택하여, 그와 관련된 본인의 경험과 함께 구체적으로 기술하세요
   (100자 이상 600자 이내).
3. 지금껏 살아오면서 가장 열심히 했다고 자부하는 활동(학업, 운동, 취미,
   일 등)들에 대해서 기술하고 이러한 경험이 향후 본인의 업무에 어떤
   도움이 될지 기술하세요(100자 이상 600자 이내).
4. 인천국제공항공사 입사 후 10년 내에 성취하고 싶은 포부를 과거 본인
   의 경험과 연계하여 기술하세요(100자 이상 600자 이내).

  첫 번째 질문의 핵심 키워드는 '장점'→'근거'→'회사 기여' 등으
로 볼 수 있다. 이러한 질문 형태는 기업들이 '질문의 가이드'를 아
주 친절하게 알려준 경우이다. 질문의 의도는 당신이 어떠한 역량
(강점)을 가지고 있고, 그것이 회사의 발전에 기여하는 것인지, 아
닌지를 알고자 하는 것이다. 사람의 장점은 많다. 피아노를 잘 치는
것도 장점이다. 허나 이것이 회사에 기여할 만한 것인가를 파악하
는 것이 합격과 불합격을 가르는 하나의 시험대가 되고 있다. 따라
서, 본인의 장점과 경험은 기업의 인재상 및 직무 역량과 반드시 연
결되어야 한다.

  두 번째 질문의 핵심은 '회사 인재상'→'본인 적합성'으로 요약할
수 있다. 회사는 많은 사람들이 함께 생활하는 공동체이다. 개인사

업은 본인이 모든 것을 결정하지만, 법인에서는 상호 역할이 나누어져 있고, 공동의 목표를 위해 달려가는 집단이다. 조직에 얼마나 어울리는 인재인가를 판단하는 것은 중요하다. 당연히 회사의 인재상과 본인 경험간의 공통 부분을 어필해야 한다.

세 번째 질문은 '가장 열심히 살아온 경험'→'회사 기여'이다. 역시 본인이 어떠한 사람이며, 회사에 어떤 기여를 할 수 있는가를 보는 것이다. 반드시 본인의 경험과 지원 직무를 연결해야 한다.

마지막 질문의 키워드로 '10년 내 목표', '본인의 준비 현황'이다. 본인이 회사에서 하고 싶은 것, 기여할 수 있는 것과 이것을 위해 지금 무엇을 준비하고 있는가를 보는 것이다. 즉, 자신과 회사를 위한 구체적인 꿈을 가지고 있고 이러한 꿈이 임기응변이 아닌 평소에 생각하고 있었던 것임을 표현하는 것이다. 대부분, '이 회사의 최고경영자가 되겠습니다'라고 쓰는데, 너무 준비를 안 한 티가 나지 않은가? 이러한 읽기도 귀찮게 만드는 표현 대신, 만약 재무부서라면, 현재 '재무부서의 총괄 이사님은 ○○○인데, 10년 후 그 자리에 제가 앉겠습니다'처럼 구체적으로 적기 바란다.

지금까지 각 항목별 숨은 의도를 살펴보았다. 회사의 의도를 친절하게 명시하는 곳도 있지만 대부분은 지원자가 찾아야 한다. 질문을 보면서 '왜 회사에서는 이러한 것을 물어볼까'라는 생각을 먼저 하고, 회사의 입장에서 원하는 답변이 무엇인지를 염두 하면서 글을 쓰도록 하자.

다른 회사의 자기소개서도 살펴보자.

(2015년 한국금융투자협회 자기소개서 항목)

1. 자유롭게 본인을 소개해주십시오(성장 과정, 학창시절, 성격, 인생관, 장단점 등 2000 Bytes 이내).

2. 한국금융투자협회를 알게 된 시점 및 계기는 무엇이며, 지원 동기 및 입사를 위한 자신만의 준비 과정을 서술하시기 바랍니다(1600 Bytes 이내).

3. 본인이 생각하는 금융투자협회의 역할 중 가장 중요하다고 생각하는 것이 무엇인지 제시하고 그 이유를 서술하시기 바랍니다(1600 Bytes 이내).

4. 입사 후 어떤 일을 하고 싶으며, 한국금융투자협회에서 10년 후 이루고 싶은 목표는 무엇인지 서술하시기 바랍니다(1600 Bytes 이내).

5. 조직 내에서 동료들과 함께 문제를 처리했던 경험 및 그 속에서 발생하는 동료들과의 갈등 상황에 대하여 사례를 들어 설명하고, 긍정적인 성과를 얻기 위해 어떠한 노력을 기울였는지 서술하시기 바랍니다(1600 Bytes 이내).

6. 지금까지 가장 열정을 쏟아 몰입한 경험, 성공 또는 실패 경험 등에 대하여 서술하시기 바랍니다(1600 Bytes 이내).

7. 본인이 생각하는 행복은 무엇이며 가족이 아닌 누군가를 행복하게 하기 위해노력했던 경험에 대해 설명해주시기 바랍니다(1600 Bytes 이내).

8. 자신의 생활 속에서 체감하는 자본시장의 역할을 기술하고, 이와 관련하여 자본시장의 발전을 위해 본회가 나아가야 할 방향에 대해 서술하시기 바랍니다(2000 Bytes 이내).

직접적으로 제시된 의도도 있고, 지원자가 찾아야 하는 숨은 의도도 있다. 이제는 이것을 파악할 수 있겠는가?

3. 자기소개서는 글쓰기가 아닌 커뮤니케이션

　많은 학생들이 자기소개서를 예쁘게 글을 쓰는 것으로 이해하고 있다. 또한, 취업 컨설팅 업체에서도 오탈자, 운문 등에 신경 쓰고 있다. 국문과 교수님이나 논술 선생님에게 첨삭받은 자기소개서는 떨어질 확률이 무척 높다. 왜냐하면 그 분들은 자기소개서를 문학적으로 접근하기 때문이다. 물론 이런 것들이 아주 의미 없는 것은 아니지만, 자기소개서는 신춘문예에 입상하기 위한 글이 아니다. 자소서의 본질은 지원자와 회사간의 커뮤니케이션이라는 사실을 명심하자. 이를 위해 아래에 기술되는 내용을 숙지하자. 우리는 많은 학생들의 자기소개서를 검토하고, 직접 상담한 경험을 토대로, 학생들이 가지고 있는 내면적 경쟁력을 찾고, 또한 글로써 표현력을 높이기 위해 다음의 내용을 알려 주고 싶다.

　자기소개서의 핵심은 '글'이 아니라, '메시지' 이다. 면접관은 지원자의 경험을 알고 싶어 하지 않는다. 즉, 'OO했습니다. OOO

한 경험이 있습니다'를 보고 싶어 하는 것이 아니라 그러한 경험을 통해 지원자는 어떤 사람이고, 어떤 역량과 인성을 가지고 있고, 그러한 조건이 우리 회사와 맞는지, 기여를 할 것인가를 보고 싶은 것이다. 다른 회사에 그대로 지원해도 되는 자기소개서, 마케팅에 지원했는데 인사부에 지원해도 말이 되는 일반적인 자기소개서는 99% 떨어지는 쓰레기일 뿐이다.

자기소개서의 기본 항목은 여러 번 읽어서 의도를 파악하라

자기소개서의 질문 항목은 회사가 지원자에게 확인하고 싶어하는 내용으로 이루어져 있다. 즉, 알고 싶어 하는 것을 질문의 형태로 제시하는 것이다. 많은 학생들의 가장 큰 문제는 질문을 제대로 이해하지 못하고 동문서답 한다는 데 있다. 나는 아닐 것이라고 생각하지 말자. 대부분의 학생들이 그렇다. 자기소개서의 질문은 어려운 수학 문제, 경제 문제가 아니다. 차분히 질문을 읽고, 또 읽으면 회사에서 요구하는 해답이 보인다.

질문에 주로 나오는 단어를 살펴보자. 예를 들어, '경험, 극복'과 관련된 단어가 나오는 항목은 지원자의 도전, 역량, 이러한 경험을 통한 변화 항목을 묻는 것이다. '소속'은 팀워크와 공동체 의식을, '기존 방식과의 차이점'은 창의나 혁신, 문제 해결 사고 능력, '지원

동기'는 회사에 대한 이해와 간절함, 적합성 등을 묻는 것이다. 질문을 보면서 핵심 키워드를 찾아내고, 그것을 여러분들만의 경험, 생각들과 연관되는 단어로 변환하여, 최종적으로 질문의 핵심과 표현간의 매칭 정도를 몇 번 확인하면 어떻게 써야 하는지를 알 수가 있다.

상황-설명-결과(배운 점 또는 능력을 향상 시킨 점)를 기억하라

　다시 한번 강조하는 것은, 자기소개서는 글을 쓰는 것이 아니라 메시지를 전달하는 것이다. 여기서 말하는 메시지는 앞뒤 다 자르고 남들이 알아 듣지 못하게 만드는 것이 아니라, 전달하려는 의도를 충분히 제시하는 것이다. 상황 작성에서는 육하원칙을 기억하자. 언제(When), 어디서(Where), 누가/누구와(Who), 무엇을(What), 어떻게(How), 왜(Why)를 적는 것은 본인의 경험에 대해 상대방으로 하여금 신뢰감을 높일 수 있도록 하는 데 도움이 된다. 그 후 설명을 하고, 결과를 이야기하라. 주의해야 할 점은 결론의 일반화이다. '성실, 글로벌, 분석력' 등 추상적인 키워드로 결론을 제시하면 면접관이 대단하다고 느낄까? 진부하다고 생각할 뿐이다. 여러분들의 언어와 표현으로 바꾸어 보자. 여러분들에 대해 훨씬 믿음이 갈 것이다.

눈이 가요 눈이 가, 강렬한 제목

제목은 가장 처음에 접하는 글이며, 계속 읽을 것인가 아님 중단할 것인가를 판단하게 한다. 따라서 제목은 강렬하고, 임팩트가 있어야 하고, 면접관이 계속 읽고 싶은 마음이 들 수 있도록 훌륭한 가이드 역할을 해야 한다. 사람들은 글을 읽으면서 생각을 동시에 한다. 따라서 제목을 읽으면 뒤에 나올 내용들이 어떤 것이라는 것을 생각할 수 있도록 메시지를 함축해서 만들어야 한다. 제목을 잘 정하는 것이 중요한 스킬이다. 현재 뉴스나 신문을 통해 접하는 기사를 보자. 가끔은 자극적인, 본문과는 관련 없는 제목으로 호객행위성 글로 느껴질 때가 있지만, 그들은 그들의 목적을 충실히 수행하고 있는 것이다. 독자로 하여금 한 번 더 시선을 고정하게 만들지 않았는가.

〈TO DO〉

[학자금 대출은 없다]
대학교에 입학할 당시 저 자신에게 한 가지 약속을 했습니다. 등록금과 생활비를 스스로 해결하자는 것이었습니다. 20살이라는 나이에 몇 백만 원의 돈을 … (생략)

[원칙은 원칙이다]

카투사로 군 복무할 당시 군종행정병으로써 헌금관리 업무를 맡았습니다. 약 2,000달러의 금액을 세어 결산하고 금고에 보관하는 과정에서 함께한 동료의 … (생략)

[괜찮아요? 많이 힘들죠?]

제주도 국토대장정 시절, 팀을 위해 더 늦게 자고, 더 일찍 일어나며 솔선수범으로 최고의 팀을 만들었던 경험이 있습니다. … (생략)

〈NOT TO DO〉

[함께하는 도전을 통해 커뮤니케이션을 배웠습니다.]

〈Comment〉

잘된 사례를 보면 우선 평범하지 않은 표현을 써서 면접관의 시선을 확보하였다. 내용과 동떨어진 제목은 오히려 불신을 주게 되지만, 내용을 함축하면서도 눈에 띌 수 있는 제목을 선정하였다. 그런 반면 아쉬운 사례는 너무 일반적인 형태이다. '도전', '커뮤니케이션', '배움' 등은 아무 대부분의 지원자가 사용하는 단어이다. 이러한 제목을 봤을 때 면접관은 이후 내용을 읽기도 전에 식상함을 예상할 것이다.

두괄식 표현

본인이 하고 싶은 메시지를 서두에 보여줘야 한다. 아무리 논리적인 설명이라 하더라도 결론을 찾기 위해 많은 시간을 들여 집중해서 읽는 면접관은 드물 것이다. 쓸데없는 이야기를 장황하게 하고 마지막에 본인의 의견을 적는다면 누가 읽겠는가. 시각적 효과를 위한 굵기(Bold) 활용도 좋다. 요즘 자기소개서를 보면 우리도 잘 알지 못하는 사자성어를 많이 쓴다. 어려운 단어를 사용하면 풍부한 역량이 있는 사람으로 평가받은 것 같은 착각을 한다. 어려운 얘기보다 창의적인 표현을 만들기 위해 연습하자. 이렇게 두괄식으로 표현을 하고 나서 이후에 본인이 주장에 맞춰 어필하려는 근거를 제시하고 마지막으로 이러한 장점들이 회사에서 어떻게 활용될 수 있다는 강조 문구로 마무리한다면 완벽한 답변이 될 것이다.

〈TO DO〉

Q. 본인 성격의 장점 및 단점에 대해 작성하여 주십시오(100자 이상 1000자 이하).
A. [장점 - 약속 중시, 시간 관리, 열정적인 자세]
제가 남들보다 뛰어나다고 자부할 수 있는 세 가지 강점은 약속을 중요하게 여기는 것, 시간 관리를 철저히 하는 것, 그리고 열정적인 자세를 바탕으로 매사 최선을 다하는 것입니다.

Q. 자신이 다른 사람과 구별되는 능력이나 기질을 써주십시오. 3가지.
A. 첫째, 도전정신입니다.

중학교 2학년 때 인력사무소에 찾아가 공사판에서 일한 것을 시작으로 약 20가지가 넘는 일을 해오며, 새로운 일에 대한 도전에 두려움이 없습니다.

둘째, 분석력입니다.

일식 집에서 매니저로 일할 때, 상권분석을 통한 신 메뉴 제안으로 매출 신장을 이뤘습니다.

셋째, 서비스 마인드입니다.

호텔, 일반 음식점, 결혼식 뷔페 등 다양한 서비스업에서 일하며 고객들을 대하는 마음가짐을 익혔습니다.

〈Comment〉

제일 첫 줄에 말하고자 하는 바를 적어 서류 담당자에게 질문에 대한 답을 찾지 않아도 될 수 있게 해주는 효과적인 글이다. 직장인들 또한 팀장 및 임원들에게 보고 시 가장 많이 듣는 말은 '그래서 결론이 뭐야? 짧게 얘기해'이다. 이처럼 바쁜 시간에 쫓겨 결론부터 확인하는 것이 관리자급 직장인에게는 생활화 되어 있다. 지원자로서 이 부분만이라도 맞출 수 있다면 서류 통과의 확률은 상당히 높아질 것이다.

단락 구분은 대화의 리듬을 만드는 것

상호 마주보고 대화를 할 때, 한 번의 쉼 없이 말을 하지는 않는다. 본인의 메시지를 상대방에게 정확하게 전달하기 위해 강조할 부분에 강약을 주고, 리듬을 주는 것처럼, 자기소개서도 그러한 것이 필요하다. 한번의 쉼 없이 엄청난 분량의 글이 주어진다면 읽기도 전에 거부감이 들 것이다. 학교에서 시험 답안지를 작성할 때 단락을 띄우고, 학업 내용과 관련된 명확한 단어를 사용하면, 채점을 하는 교수님들도 보너스 점수를 준다. 사법고시도 글씨가 예쁘면 점수를 잘 받는 세상이다. 무식하게 쓰지 말고, 읽는 독자를 위한 센스를 발휘하자.

⟨TO DO⟩

[전략과 분석 사이]

군 전역 후 약 3개월간 이마트에서 생활용품 매장을 맡아 관리, 발주, 판매 등을 경험했습니다. 3개월 동안 매출 상승이 없으면 철수하는 조건으로 담당을 맡았습니다. 아래와 같은 경험을 통해 리빙제품 판매의 매력, MD로서의 분석력 등을 배울 수 있었습니다. 매출 신장을 위해 고객들의 Needs를 반영한 3가지 판매 전략을 세워 구매를 유도했습니다.

첫째, 고객들의 소비 성향을 분석했습니다. 옆 매장이 주방용품을 파는 곳이라 주부들이 자주 지나다니는 것을 인지하고, 그에 맞는 물건을 더 잘 보이는 곳으로 진열했습니다.

둘째, 1+1 전략을 사용했습니다. 저가의 상품을 판매하는 만큼 한 번에 여러 상품을 부담 없이 구매한다는 점에서 착안했습니다. 최대한 유사한 제품, 상호 보완이 되는 제품들로 구성하여 물건을 재배치하여, 한 번에 여러 가지 물건을 살 수 있도록 유도했습니다.

셋째, POP글씨를 사용하여 고객들의 흥미를 유발했습니다. POP글씨를 작성할 수 있는 친구에게 부탁하여, 상품군별로 피켓을 배치하였습니다.

그 결과 매출이 상승하여 연장 계약에 성공하였고, 좀 더 일해달라는 부탁을 받았지만 학업 문제로 그만두게 되었습니다. 간단하지만 고객들의 Needs를 파악, 반영한 전략이 중요하다는 것을 경험하였습니다.

이와 같은 경험을 토대로 CJ오쇼핑의 MD로서 오프라인 진출에 힘을 실을 수 있는 인재가 되겠습니다.

〈Comment〉

단락 구분을 통해 전체적인 맥락을 쉽게 보여준다. 또한 상황-설명-결과 양식에 그대로 부합하여 읽기 편하며 논리적인 구조에도 문제가 없어 공감이 가는 자기소개서의 좋은 예라고 볼 수 있다.

직무에 맞는 단어 사용 - 수치 이용

사람은 자신이 많이 사용하고, 많이 들어본 언어에 친숙함을 느낀다. 동질감이라고도 한다. 자기소개서에서도 마찬가지이다. 본인이 지원하는 기업 및 직무와 관련된 단어를 사용하는 것은 면접관으로 하여금 편안함을 줄 것이고, 이것은 지원자가 준비되었다는 것을 의미하기도 한다. 단, 여기서도 숫자의 활용이 중요하다. 예를 들어 '홈플러스에서 수박 팔았다'와 '홈플러스에서 수박을 100개 팔았다' 두 문장의 차이는 극과 극이다. 이처럼 정확한 단어와 숫자를 함께 사용한다면 아마 면접관은 당신에게 더 큰 신뢰를 가질 것이다.

〈TO DO〉

*공사 업무 중 업무 효율성 제고, 대국민 서비스 품질 강화 등을 위해 개선의 여지가 있는 업무 1가지를 선정하고, 그 이유와 개선 방안을 제시하시오.

개선의 여지가 있는 업무는 주택연금제도라고 생각합니다. 한국은행의 통계에 따르면 지난해 가계대출은 1,207조 원을 기록했다고 합니다. 또한, 당사의 주택연금의 경우 지급방식별 주택연금 잔액 현황의 연금지급액은 2015년 대비 17%나 증가했으며, 보증공급액은 496억 8,500만 원이나 증가했습니다. 그리고 주택연금의 상반기 가입자는 5300여 명으로 지난해 상반기보다 74% 증가했습니다. 고령화로 인해 주택연금의 중요성은 더 높아질 것은 자명합니다. 하지만 주택연금에는 크게 두 가지의 개선점이 필요하다고 생각합니다.

본인의 단점 기술법

자기소개서에 자주 등장하는 항목들 중에서 가장 작성하기 힘들고 싫은 것이 바로 본인의 단점을 기술하는 것이다. 그러나 아쉽게도 이러한 사실을 회사에서도 너무나 잘 알고 있기 때문에 많이 등장하는 단골손님이기도 하다. 단점의 핵심은 단점이면서 장점으로 보일 수 있도록 하는 것이다. 이것은 솔직한 것과 거짓말을 하는 것의 차이를 얘기하는 것이 아니다. 학생들의 자기소개서를 첨삭하다 보면 가끔 너무나 치명적인 단점을 적는 사람이 있다. "저의 단점은 시간을 잘 못 지키는 것입니다." 어느 회사가 이러한 인재를 채용하려고 할까? 또한 단점은 인정하고, 지금 단점을 극복하기 위해 어떠한 과정과 노력을 하고 있다는 것을 반드시 기술해야 한다. 모든 사람들은 약점을 가지고 있다. 사회에서는 강점을 더욱 강화하는 사람, 약점을 줄여나가는 사람 모두가 승자가 될 수 있다.

<NOT TO DO>

진솔한 대화를 나누는 것을 좋아합니다. 이러한 성격은 사람들과 쉽게 친해지고 새로운 환경에 적응하는 데 큰 장점으로 작용하기도 하지만 때로는 자기계발을 위해 약속했던 저와의 약속을 어기게 하는 치명적인 단점이 되기도 합니다. 하지만 저는 '더불어 산다'는 말을 굳게 믿고, 사람 중심으로 살고자 노력합니다.

<Comment>

자기계발을 위한 자신과의 약속을 어긴다는 점은 어떠한 변명이 있어도 자기 관리가 되지 않는다는 인상을 심어준다. 세상에 바쁘지 않은 사람은 없으며 취업을 하면, 더욱 많은 사람을 만나게 되고 더욱 바쁘게 된다. 절대 주의해야 하는 사항이다.

추상적인 단어 사용 금지

모든 단어 하나하나가 추상적이 될 수 있음을 기억해야 한다. 진취적인 성격에서 '진취적'이란 단어도 추상적이다. 너무 많은 의미를 내포하거나 광범위한 부분을 포함하는 단어는 모두 추상적인 것이니 절대 피해야 한다. 얼버무려 얘기하거나 지식이 없으면 추상적인 단어 또는 형용사, 부사의 사용 빈도가 높아진다. 자기소개서를 읽는 사람들이 한 순간이라도 추상적임을 느낀다면 탈락할 경우의 수가 높아지게 된다는 점 명심하자.

⟨NOT TO DO⟩

성장 과정 / 생활신조

(생각한다는 것)

생각하는 것을 멈출 수 없었습니다. 그것이 사소한 것이든 비중 있는 것이든. 자기 자신에서 벗어나 타인을 바라보게 되었을 때부터 줄곧 다른 사람에서 나로, 나에게서 다른 사람으로 옮겨가며, 과정이 반복될 때마다 조금씩 세상을 보는 눈을 키워나갔던 것 같습니다. 과거 고등학생이었던 시절, 친구들과는 다르게 신문을 읽고 때로는 오만한 마음에 스크랩하여 교실 뒤에 붙였던 기억이 떠오릅니다.

⟨Comment⟩

추상적인 단어의 사용은 많지 않지만 내용 자체가 추상적이다. 도대체 무슨 말을 하고 싶은 건지를 읽는 사람이 유추해야 한다면 이는 실패한 자기소개서다. 읽는 사람은 그러한 노력을 들일 시간이 전혀 없기 때문이다.

저는요… 나는… 면접관은 이미 당신을 알고 있다

학생들의 자기소개서에서 가장 많이 나오는 단어는 아마 '나는', '저는' 등 1인칭 주어일 것이다. 사람과 대화를 할 때 관련된 표현을 많이 쓰고 있다. 자기소개서는 이력서와 한 세트이고 이미 지원자가 누구인지 알고 있다. 굳이 '저는'이라는 단어를 많이 써서 읽는 데 흐름을 방해할 필요는 없다. '나는', '저는'은 쓰지 말자. 보는 사람은 당신이 당신인 줄 다 알고 있다. 단락을 바꿀 때마다 '나는', '저는'을 쓰는 것이 불합격의 지름길이다.

⟨NOT TO DO⟩

저는 세계를 선도할 KEB하나은행의 미션인 "함께 성장하며 행복을 나누는 금융"을 직접 경험해보고 글로벌 은행에 알맞은 실전 감각과 업무 지식을 갖추기 위해서 이번 인턴을 지원하게 되었습니다. 저는 이번 KEB하나은행 인턴 실습을 통하여 금융에 대한 실전적인 업무 감각과 보다 넓은 안목을 얻고 싶습니다. 저의 젊은 패기를 다 바쳐서 꼭 많은 것을 얻어가도록 하겠습니다. 제가 인턴이 된다면 1주차 때 집합연수를 하게 될 텐데, 이 연수 기간 동안 기본적인 실무에 관한 지식과 은행에 대한 업무를 이해하려고 노력할 것입니다.

면접관 입장에서 읽고 싶도록 작성 - 과장 금지

면접관은 지원자보다 다들 나이가 많다. 대리, 과장, 조직 책임자, 심지어 임원 및 대표이사까지 면접에 들어온다. 그 사람들은 적게는 5살부터 많게는 20~30년의 나이 차이가 난다. 본인의 사고와 관점이 아니라 이 사람들의 입장에서 생각하고 또 생각해야 한다. 글은 대면하지 않기 때문에 잘못된 오해를 불러 일으킬 수 있다. 만나면 오해를 풀 수 있지만, 비대면에서는 풀기도 어렵다. 그래서 잘 써야 한다.

4. 자기소개서 주요 항목별 BEST vs WORST

　지금부터는 회사별로 가장 많이, 공통적으로 질문하는 항목별로, 우수한 사례와 아쉬운 사례를 들어 설명하고자 한다. 자기소개서는 수학 방정식($Y=f(X)$)에 의해 조건을 투입하면 정답이 나오는 것이 아니다. 즉, 세상에 100점짜리 자기소개서란 존재하지 않는다. 대부분의 학생들은 똑같은 자기소개서를 회사 이름만 바꾸어 여러 군데 제출한 경험이 있을 것이다. 일부는 서류 합격도 있을 것이고, 일부는 불합격도 있을 것이다. 똑같은 자기소개서인데 왜 합격과 불합격의 차이가 발생할까? 이는 보는 사람, 면접관에 따라 자기소개서의 품질이 달라질 수 있음을 의미한다. 하지만 사람의 마음은 비슷하다. 아름다운 사람을 아름답다 하고, 좋은 능력을 가진 사람을 부러워하는 일반적인 잣대에서 사례를 보길 바란다. 또한 좋은 사례를 그대로 활용해서는 절대 안 된다. 어떤 부분이 잘되었는지를 확인하고, 본인의 자기소개서에는 그러한 부분이 어떻게 반영할 수 있을지 검토하는 과정에서 참고만 하길 바란다.

주요 질문

성장 과정 - 고등학교 이전은 빼자

　성장 과정은 모든 기업에서 필수적으로 요구하는 항목이라 하여도 과언이 아닐 것이다. 회사에서는 본 질문을 통해 지원자가 회사에 맞는 요건을 갖추었는지를 확인하려는 것이지, 결코 지원자의 살아온 삶에 대해 궁금해하지 않는다. 그러나 많은 학생들의 자기소개서에는 본인의 가정사를 쓰는 경향이 있다. 외국에 오래 살았거나, 전국체전에 나간 경험 등 아주 특별한 것을 제외하고는 오래된 경험은 상대방에게 흥미를 주지 못한다. 또한 일부 학생들은 편모슬하에서 자랐으며, 가정이 어려워서, 대기업 임원이신 아버지의 영향으로 등 가족사를 공개하기도 한다. 이렇게 쓰면 솔직하다고 생각해야 할까? 자기소개서는 자기를 어필하는 과정이다. 본인의 경쟁력으로 승부해야 한다. 성장 과정은 주로 서두의 질문 항목에 배치된다. 첫 단추를 잘 꿰야 하듯이 심사위원이 궁금해하는 것을 답변해야 하는 것을 잊지 말자. 기업을 연관시키는 경험 중심, 창의력을 원하면 창의력 이야기를, 도전정신을 원하면 도전정신 이야기를 쓰도록 하자.

☞ 우수 사례 (2016년 삼성증권 서류 합격)

Q. 본인의 성장 과정을 간략히 기술하되 현재의 자신에게 가장 큰 영향을 끼친 사건, 인물 등을 포함하여 기술하시기 바랍니다 (※작품 속 가상 인물도 가능, 1500자 이내).

[사소함을 열정으로 바꿔주는 책임감]

책임감을 느끼고 모든 일에 최선을 다한다면 좋은 결과가 있음을 배워왔습니다.

과에서 진행하는 중국 답사 동안, 듬직한 이미지 덕분에 팀장이 되었습니다. 팀장 역할이 어색했지만, 책임감을 느끼고 임무를 수행했습니다. 장소를 이동할 때마다 인원을 확인하고 예정된 행사가 순조롭게 진행될 수 있도록 팀원들의 참여를 유도했습니다. 덕분에 같이 갔던 친구들과의 서먹함을 금세 녹이고 새 친구들과 함께 추억을 쌓을 수 있었습니다. 맡은 일에 책임감을 느끼고 적극적으로 임하는 자세는 제가 중국에서 소중한 경험과 추억을 쌓을 수 있게 도와주었습니다.

책임감은 삼성증권에서 근무하면서 반드시 갖춰야 할 역량이라고 생각합니다. 책임감을 바탕으로 고객의 사소한 요청도 귀담아듣고 이를 새로운 가치 창출로 연결하겠습니다.

[후방과 고객을 이어주는 연결고리, PB]

경제교육봉사단 활동을 하면서 부서 간 소통을 증진하기 위해 노력했던 경험을 바탕으로 삼성증권의 리서치센터와 고객을 이어주는 가장 확실한 연결고리가 되겠습니다.

교육 봉사 활동하면서 봉사단 본부와 현장 간에 부족한 소통으로 인해 교육 자료를 잘못 전달받거나 수업일지 작성 방법이 매일 바뀌는 등 업무 진행에 어려움을 겪곤 했습니다. 이로 인해 수업이 원활히 이뤄지지 않았고 학생들이 수업에 집중할 수 있는 환경을 만들 수 없었습니다. 이를 해결하고자 선생님들이 교육 중에 생긴 문제와 의견을 취합해서 본부와 소통하는 연락책 역할을 자진했습니다. 이 역할을 수행하면서 수업일지를 통일하고 교육 자료를 한 번에 공유하는 방법을 제안했습니다. 덕분에 선생님들이 수업에 더욱 집중할 수 있는 환경을 만들었고, 교육을 매끄럽게 마무리할 수 있었습니다.

부서 간의 소통을 키워서 업무의 효율을 높인 경험을 바탕으로 삼성증권의 PB로서 리서치센터와의 효율적인 소통을 이루어 고객 만족에 힘쓰겠습니다.

[진짜 거시경제는 책에 없다]

통화정책경시대회를 준비하면서 알게 된 부족한 점을 채우기 위해 연습한 실물경제 이해 능력을 바탕으로 고객의 수익률 극대화에 힘쓰겠습니다. 대회를 준비하면서 한국은행, KDI 등 국가경제기관에서 조사하는 경제지표들을 해석하고 미래 상황을 예측하기 위해 노력했습니다. 책에서만 배운 내용을 바탕으로 호기롭게 도전했지만, 대회에 제출하는 보고서를 만들수록 책에서 보지 못했던 내용들을 보며 부족함을 깨달았습니다. 대회를 계기로, 경제에 대한 통찰을 키우고자 경제신문 스크랩을 하고 통계지표를 원활히 다루기 위해 엑셀 프로그램을 연습했습니다.

거시경제를 이해하고자 노력했던 경험을 바탕으로 삼성증권의 PB로서,

거시경제에 대한 명확한 이해로 고객에게 올바른 상품을 추천하여 고객의 수익률과 만족을 동시에 극대화 시키는 역할을 수행하고 싶습니다.

<Comment>

많은 학생들이 성장 과정을 과거부터 현재까지 시계열 관점에서 써야 하는 것으로 오해하고 있다. 특정 경험을 토대로 본인이 어필하고자 하는 내용을 집중적으로 제시하면 된다. 사례에서는 3가지 필요 역량을 이야기하고, 그것을 뒷받침할 경험을 기술함으로써 '나는 살아오면서 이러한 경험을 토대로 당신의 회사에서 필요로 하는 역량을 확보했다'는 인상을 주고 있다.

☞ 우수 사례 (2016년 아시아나항공 서류 합격)

Q. 본인 특성과 성장 배경을 기술하여 주시기 바랍니다 (600자 이내).

[하루 세 시간이 만드는 나만의 자산]

라디오를 통해 다양한 삶에 대한 경청과 공감은 대학 4년 동안 왕복 3시간의 이동 시간이 저에게 준 자산입니다. 이진우의 손에 잡히는 경제에서 경제 흐름을 익히고, 노홍철의 굿모닝FM을 통해 약 24,000여 명이라는 다양한 사람들의 세상 사는 이야기를 접했습니다. 꾸준한 청취를 통해 간접적이지만 사람과 세상을 넓게 보고, 듣고, 공감하는 습관이 생겼고, 지금도 새로운 사람을 만날 때, 먼저 경청하는 것으로 사회 관계를 만들고 있습니다. 자연스럽게 익히게 된 경청의 자세로 고객들의 소리를 들을 자세와 공감의 자세가 준비되어 있습니다.

[기록은 기억을 지배한다]

찍혔던 사진은 있지만 이에 대한 기억은 없던 적이 있습니다. 이를 계기로 일상의 추억과 중요한 순간들을 기록하기 위해 블로그를 시작하였습니다. 블로그에 당시의 감정과 일상을 빠짐없이 기록하기 위해 평소에도 소소한 일상까지 메모하는 습관이 생겼습니다. 더욱이 이러한 메모 습관은 짧은 시간 동안에 집중과 학습하는 능력을 향상시켜 평소 관심이 많던 영어, 중국어, 일어 수준을 현지인과 대화할 정도로 만들었습니다.

기록하는 습관과 빠른 습득력으로 내년에 아시아나항공에 도입될 A350 기종외 다양한 직무 지식을 터득하겠으며, 궁극적으로는 아시아나항공에서, '아름다운 사람들'이라는 가치 전달을 하는 매개체가 되어, 고객들에게 전하고 싶습니다

〈Comment〉

많은 학생들이 어학연수, 공모전 수상 등 대단하다고 자부하는 경험이 없으면 본인을 어필할 소재가 없다고 생각한다. 전혀 그렇지 않다. 성장 과정은 일상의 수많은 경험들 속에서 어떠한 메시지(Lesson Learned)와 그를 통해 지금의 성장된 자신을 보여주는 것이다. 본 사례는 여러분들이 생각하는 대단한 경험은 아닐 수 있다. 그러나 회사에서 필요한 인재와 지원자 자신을 함축하여 보여줄 수 있는 키워드를 매칭하여 도출해 가식적으로 의도 하지 않는, 자연스러운 준비된 지원자임을 부각시킨 좋은 사례로 볼 수 있다.

🖙 아쉬운 사례(2015년 KB국민은행 서류 불합격)

Q. 1. 성장 과정을 통하여 귀하를 소개하여 주십시오(200자).

[미션 Clear!]

4살, 위층 고모네 가기

9살, 안양시에서 광명시에 있는 학원 가기

12살, 안양시에서 잠실 이모네 가기

어머니께서 어린 제게 미션을 주셨습니다. 그 때는 어려운 미션이라 생각했지만, 굴하지 않고 수 없이 물어보며 미션을 달성했습니다. 이후 도전정신을 기를 수 있었고, 이러한 자세로 어려운 상황을 헤쳐 나가는 사람이 되었습니다.

〈Comment〉

이번 사례를 읽고 당신은 어떠한 메시지를 얻었는가? '4살 때 윗집에 사는 고모 집에 혼자 간 것이 참 기특하구나'라고 생각하는 사람도 있을 것이다. 하지만 회사에 필요한 인재를 뽑으려고 하는 면접관 입장에서 그러한 경험으로부터 어떠한 의미를 추출할 수 있을까 하는 생각이 든다. 또한 작성자는 최소 20살 이상일 것이다. 허나 경험은 4살, 9살, 12살 시점이다. 10년 전의 경험으로 현재의 지원자를 판단할 만큼 중요한 것인가에 대한 의구심이 든다. 마지막으로 작성자는 '도전정신'을 강조하려고 하였다. 도전정신을 표현하는 데 언급한 3가지 경험이 과연 관련이 있는 것인지를 고민할 것이고, 심지어 이후 10년간은 도전정신을 나타낼 어떠한 경험이 없었다는 실망감이 먼저 들 것이다. 성장 과정은 지원자를 판단할 수 있도록 가급적 최신의 경험을 제시해야 한다.

☞ **아쉬운 사례**(2015년 하나금융투자 서류 불합격)

Q. 본인의 성장 과정에 대해 기술하시오(1250자 이내).

[성실함을 바탕으로 한 진취적인 삶]

저는 어렸을 적부터 일찍이 성실성을 배우게 되었습니다. 초등학교 시절
에 집안의 일로 전학을 네 번이나 다니게 되었습니다. 그 당시 어린 나이
였기 때문에 매번 새로운 환경에 부딪히는 것은 다소 적응하기 힘들었습
니다. 그러나 오히려 이러한 환경 때문에 학급 일에 있어서 남들보다 조
금 더 열심히 하게 되는 계기가 되었고, 그때부터 성실한 면모가 쌓였습
니다. 친구들은 저의 성실한 모습을 보면서 저에게 다가와 주었고, 그 결
과 원만한 친구 관계를 이룰 수가 있었습니다. 중학교 시절에 이런 성실
한 모습이 인정받아서 2학년 때 반장을 할 수 있었고, 그 후 3학년 시절에
도 친구들에게 인정받아 반장을 1년 더 할 수 있었습니다. 고등학교에 진
학하여서는 학업에 충실하였고, 또한 독서토론 동아리에서 리더의 역할
을 맡으면서 열심히 학교생활을 하였습니다. 그 후 저는 이러한 성실함을
바탕으로 대학교 경제학과에 진학하게 되었습니다. 대학에 들어와서는
교내에서 학생회 활동과 주식투자동아리 활동을 하였습니다. 학생회에
서 행사 및 주점 도 준비해보고 동아리에서는 모의투자와 실전투자도열
심히 해보면서 새롭게 견문도 넓혀갔습니다. 열심히 참여한 결과 동아리
내에서 실시한 모의투자대회에서 2위를 차지하였습니다. 또한, 2학년 시
절부터는 외부로 여러 대외활동을 시작하였습니다. 더욱 많은 인생의 선
배들을 만나보고, 그들로부터 지식을 얻기 위해서 삼성금융 사관학교의
금융전문가양성과정과 금융감독원에서의 FSS 금융아카데미 과정을 듣

고 이를 수료하였습니다. 또한, 금융감독원과 JA 코리아라는 단체에서 금융교육 봉사활동을 하였고, 공모전 활동도 참여해서 수상도 하는 등 성실하게 대학생활을 보내왔습니다. 또한, 이러한 활동과 동시에 전문적인 지식에서 부족함을 느끼고, 금융자격증과 컴퓨터 자격증을 취득하면서 성실하게 저 자신을 발전시키기 위해 노력하였습니다. 이렇게 성실하게 이어온 많은 활동 덕분에 주변에 좋은 사람들을 많이 둘 수 있었고, 직무에 도움이 되는 지식을 습득할 수 있었습니다. 저의 길지 않은 25년의 삶 동안 저는 '성실한 사람이 되자'라는 마음을 항상 가지고 살아왔습니다. 이렇게 체내에 자연스럽게 축적된 저의 성실함을 토대로 하나금융투자에 입사한다면 하나금융투자의 미래를 이끌어 갈 수 있는 더욱 적합한 인재가 될 수 있을 것이라 확신합니다.

〈Comment〉

이번 사례 역시 초등학교라는 오래된 시점부터 언급하였다. 사람의 기억에는 한계가 있어서 아주 특별한 경험이 아니고는 오래된 경험을 충분히 기억하기 어렵다. 그렇다 보니 어릴 적 경험에 대한 표현은 일반화되기 쉽다. 즉, 읽는 사람에게 어떠한 메시지를 주기 어려워지는 것이다. 작성자는 본 질문에 대해 7가지의 경험을 통해 '성실함', '진취적인 삶'을 어필하고자 하였다. 본인의 주장과 경험적 근거가 서로 연관성이 있는가는 덮어 두더라도 제한된 분량(1250자)에 너무 많은 경험을 넣으려다 보니 각각 경험을 충분히 설명하지 못했다. 이는 면접장에서 본인이 살아온 경험은 잔뜩 전달했는데, 본인이 회사에 필요한 사람이라는 강렬한 인상은 주지 못하게 된다. 자기소개서에서 1250자는 결코 적은 분량이 아니다. 반대로 얘기하면 충분히 자기 어필을 할 수 있는 조건이 있는 것이다. 우리는 글을 통해 사실 관계성 정보를 주고자 하는 것이 아니라 강력한 메시지를 전달해야 함을 기억하자.

지원 동기

　제발, 성장하는 회사이기 때문에 같이 성장하고 싶다는 글이나 홈페이지에 나온 회사의 비전이나 가치가 자신의 가치와 부합하기에 지원한다는 진부한 내용은 이제 그만하자. 정 쓸 말이 없다면 그냥 집에서 가까워서 지원했다고 써라. 직무에 좀 더 초점을 맞추는 것이 필요하다. 회사 관련 자료를 많이 찾아봐서 남들이 모르는 회사관련 정보를 집어내어 자신과 연결시키는 방법도 있다. 회사 입장에서는 지원 동기 부분을 통해 최고의 사원이 아닌 회사 또는 직무에 가장 적합한 사람을 찾아내는 정말 중요한 항목이기에 때문에, 지원자는 이 항목에 절대 쉽게 접근해서는 안 된다. 지원 동기는 지원을 위해 무엇을 준비했는가를 물어보는 것과 같다. 보통 '○○과목을 들었다'를 많이 쓴다. 그런 거 하지 말자. 전공자로서 안 들은 사람 없다. 더욱 더 아마추어로 보여질 뿐이다. 예를 들어, 금융직무 지원에 '국제경제학 수강'보다는 '매일 하루도 빠짐없이 매경 신문을 본다' 어학연수를 갔으면 그냥 글로벌 마인드 길렀다가 아니라, 다녀왔더니 길거리에서 외국인만 보이면 눈이 갑니다. 등의 구체적 사건을 하나 정해서 쓰도록 하자.

☞ **우수 사례**(2016년 신한은행 서류 합격)

Q. 지원동기에 대해 자유롭게 기술하시오(300자 이내).

[난 신한은행에 자부심을 가진다]

은행에 대한 관심은, 엘리트집단으로 상징되는 금융권에 대한 동경에서 시작되었고, 그런 동경은 다양한 금융권 서포터즈 활동, 즉 금융감독원, 신한금융투자서포터즈에 이어 신한은행 S20 기자단으로 이어졌습니다. S20 기자단 시절, 기사 작성을 하면서 신한은행에 대해 공부하고, 다양한 직원분들을 인터뷰하게 되었습니다. 이러한 시간들은 단순히 신한은행 자체를 홍보하는 목표를 넘어서, 실질적으로 대학생들에게 필요한 정보는 과연 무엇인지에 대해 고민해보는 기간이기도 했습니다. 은행에 대한 공부, 고객이 필요한 것에 대해 고민하며 성취감을 느꼈던 경험은, '신한은행'에 대한 자부심으로 이어졌고, 신한은행입행이라는 최종적인 목표를 설정할 수 있게 되었습니다.

〈Comment〉

상황-설명-결과 양식과 잘 부합되는 글이다. 또한 남들이 모두 납득할 수 있는 확실한 동기부여에 대한 근거가 있어 수월하게 진행시킬 수 있었다고 생각한다.

☞ **우수 사례**(2016년 한국투자저축은행 서류 합격)

Q. 한국투자저축은행을 선택한 이유와 한국투자저축은행이 귀하를 채용해야 하는 이유에 대해 작성하여 주십시오(500자 이내).

[꿈을 실천할 수 있는 올바른 길]

대학생활 동안 쌓아온 경제/금융 지식을 바탕으로 날로 어려워지는 서민들의 주머니 사정을 도와 사회에 필요한 존재가 되고 싶습니다. 한국투자저축은행은 "정도경영"의 확고한 원칙은 바탕으로 서민금융기관 본연의 역할에 집중하여 안정적인 성과와 건전성을 유지하는 데 힘쓰고 있습니다. 한국투자저축은행에서 일하며 회사는 물론, 사회에 보탬이 되는 사회인이 되고 싶습니다.

[친절을 선사할 수 있는 인재]

한국투자저축은행의 고객에게 친절을 선사하기 위해 '포괄적인 금융지식'과 '서비스 마인드'를 갖췄습니다.

저는 친절이란 상대방을 즐겁게 하는 것이라고 생각합니다. AFPK 자격을 취득하면서 익힌 기초금융, 세무설계, 부동산설계 등의 넓은 금융 지식과 판매 아르바이트를 하며 익힌 고객을 위해 포기하지 않는 서비스 마인드를 통해 고객을 즐겁게 하는 친절을 선사할 준비가 되어 있습니다.

〈Comment〉

앞서 언급했듯이 지원 동기는 회사가 왜 당신을 뽑아야 하는가에 대해 답변하는 것이다. 이번 사례에서는 질문에 이미 친절하게 제시되어 있어 쉽게 의도를 파악할 수 있다. 회사의 비전과 본인의 역량 두 가지를 설명함으로써 내가 회사를 선택한 이유와 회사가 나를 선택해야 하는 이유를 함께 녹여 내었다.

☞ **우수 사례**(2016년 한미약품 서류 합격)

Q. 본인이 당사에 입사하고자 하는 이유와 지원 직무를 위해 했던 구체적인 노력에 대해서 기술하여 주십시오(200자 이상 600자 이내).

[사막의 단비]

14년 동안 안경을 껴왔고, 라섹 수술 후 심한 안구건조증으로 고생하다 한미약품의 '히알루미니 0.3%'를 사용하게 되었습니다. 안구건조증은 점차 완화되었고, 다시 세상이 밝고 깨끗하게 보이는 혜택을 받았습니다. 앞으로 출시될 HM61713, HM 12525A (LAPS-GLP/GCG) 등과 같은 약품을 직접 제 손으로 판매하여 다른 사람에게도 그러한 혜택을 주는 보람을 느끼고 싶습니다.

[안 해본 일이 없습니다]

맥도날드, 택배 상·하차, 막노동, 태국음식점, 국수집, CF 촬영보조, 뷔페 등 다양한 일을 매번 최소한 1년 이상씩 근무하였습니다. 이를 통해 아르바이트생이었지만 트레이너 직급이나 매니저 직무도 수행하였습니다. 다양한 경험을 하면서 제일 자신 있게 말할 수 있는 것은 사람과의 벽을 쉽게 허물 수 있게 된 것입니다. 이러한 강점을 토대로 최대한 많은 고객에게 스며들어 그들과 신뢰 관계를 바탕으로 영업할 자신이 있습니다.

⟨Comment⟩

지원동기에서 가장 어필이 되는 내용은 회사에 대한 본인의 직접 경험이다. 위 사례에서는 안구건조증으로 고생했던 경험이 한미약품 제품으로 해결한 사례를 제시함으로써 자연스레 본인이 회사에 많은 인연이 있다는 것을 강조하고 있다. 어설프게 회사가 우수하고, 성장 가능성이 있고 등 포장된 말보다는 훨씬 공감을 줄 수 있다.

☞ **아쉬운 사례**(2015년 신한은행 서류 불합격)

Q. 지원 동기 및 포부, 성장 과정, 수학 내용(휴학 기간 또는 졸업 후의 공백기 내용 포함), 본인의 가치관 및 인생관에 영향을 끼쳤던 경험, 단체 속의 일원으로 거둔 성과(동아리, 공모전 등)에 대하여 주제별로 구분하여 자유롭게 기술해주세요(2500자).

[빨리 가려면 혼자 가고, 멀리 가려면 함께 가라]

이 명언은 아프리카의 오래된 속담이며, 어머니께서 항상 가슴 속에 새기면서 살아가길 바라며 해주신 말씀입니다. 인생은 절대 혼자 사는 것이 아니기 때문에 주변 사람들을 포용하면서 살아가는 방법을 터득하라고 가르치셨습니다. 인생의 좌우명을 '적을 만들지 말자. 남에게 도움이 되는 사람이 되자'라고 할 만큼, 항상 주변 사람을 챙기고 그들과 함께 하는 삶을 추구하며 살고 있습니다. 신한은행의 '더 나은 내일을 위한 동행'이라는 가치는 주변 사람들뿐만 아니라 고객들에게도 제 삶의 가치관을 실현할 수 있는 기회를 줄 것입니다.

입사 후 지점 발령이 나면, 1년 동안 그 지점의 막내로서 모든 업무를 성실하게 배우고 지점의 분위기를 밝게 만드는 분위기 메이커가 되겠습니다. 업무를 배우고 난 2년차에는, 군복무 시절 취득에 실패했던 CFP자격증을 취득하겠습니다. 최근 베이비붐 세대의 퇴직으로 은퇴설계의 중요성이 커졌기 때문에 자격증 취득 후에는 고객의 노후를 함께 고민하고 고객의 입장에서 생각하는 행원이 되겠습니다.

[지속적인 인간관계의 중요성을 가르쳐주신 아버지]

아버지는 초등학교부터 대학원 동창까지 모든 모임을 주최하시는 아주 활발하신 분입니다. 어머니는 애먼 곳에 돈을 쓰는 것이 아니냐고 매번 구박을 하시지만, 아버지는 그 인맥 관리 덕분에 명예퇴직 이후 대학교수라는 제2의 직업을 찾으셨습니다. 그렇기 때문에 주변 사람들과의 인간관계의 중요성을 항상 강조하셨고, 항상 그 가치관에 부합하도록 살아가기 위해 노력하고 있습니다. 고향에 갈 때마다 학교 동창 모임을 주최하며 많은 사람들을 만나고 미국에서 만난 외국인 친구들과도 자주 영상통화를 하는 등 한 번 만난 사람들과는 관계를 꾸준히 유지해오고 있습니다. 신한인이 되어 그 소중한 인연들을 고객으로 만나 더 나은 내일을 위한 동행을 함께할 것입니다.

[백문이 불여일견]

어릴 때부터 수학을 좋아했었고, 항상 새로운 것에 도전하는 것을 좋아했기 때문에 각종 수학 경시대회를 나가서 상을 타곤 했습니다. 대학에 입학할 때, 전공을 정할 때도 좋아하고 적성에 맞는 것을 찾아 경제학과에 진학했습니다. 하지만 대학에서는 미시경제학과 거시경제학, 국제경제학 등 아주 깊이 있는 학문을 다루고 있었습니다. 뭔가 학문보다는 실무를 배우고 싶었기에 배운 것을 실전에 적용해보고자 아르바이트로 번 돈으로 주식을 직접 투자해보기도 했습니다. 주식으로 모든 투자금을 다 잃고 난 후, 적금 통장으로 펀드도 가입해보고 다양한 금융 투자상품을 배우며 대학에서 배운 것과는 또 다른 경제를 배웠던 것입니다.

미국에서는 '금융시장론'을 수강하며 미국의 여러 금융기관들을 방문해보았고 이를 통해 어떻게 미국의 경제구조나 금융기관의 구조에 대해 배울 수 있었습니다. 미국 현지 계좌를 열기 위해 체이스 은행을 방문했을 때는 궁금한 것들을 이것저것 물어보며 미국의 은행이 한국의 은행과는 어떻게 다르게 운영되는지를 알 수 있었습니다. 미국의 현장에서 보고 느꼈던 그 생생한 기억은 아직까지도 기억 속에 남아 금융인으로의 꿈을 향해 달려가는 데 더욱 힘을 보태고 있습니다.

[한국과 브라질의 친선경기]

미국 시카고에 위치한 일리노이공과대학교는 미국인보다 외국인이 더 많을 정도로 다양한 나라의 학생들이 많았습니다. 하지만 영어 실력의 미숙과 소극적인 태도 때문인지 한국 학생들이 외국 학생들과 잘 어울리지 못하는 모습을 보았습니다. 하지만 한국 학생들뿐만 아니라 브라질 학생들도 자신들끼리만 뭉쳐 다니는 것을 보았고 한국 학생들을 대표해 한국과 브라질 학생들의 교류를 추진하기 시작했습니다. 외국인들과 잘 어울리는 한국 학생들을 돕기 위해 같은 수업을 들었던 브라질 학생과 친목 도모를 위한 모임을 기획했고 다운타운에 위치한 'McGees'라는 술집에서 파티를 열게 되었습니다. 각자 다른 언어, 다른 문화를 가진 두 나라였지만 음악과 술로 하나가 되어 친해질 수 있었던 좋은 경험이었습니다. 인생에서 적을 만들지 말고, 항상 남에게 도움이 되며 더불어 살아가는 삶을 추구하는 가치관을 다시 한번 실행할 수 있었던 기회이기도 했습니다.

[酒識으로 주식을 제패하다]

대학교 2학년 때, 대신증권에서 후원하는 모의투자대회에 참가한 적이 있습니다. 당시 동아리에서 1학년들과 함께 조장으로 참여했었는데, 대부분이 주식에 대해 잘 알지 못했습니다. 그래서 혼자 '주식투자 궁금증 300문 300답'이라는 책을 구매해 독학하기 시작했고, 매일 금융 신문과

투자 종목들을 분석하며 주식시장에 대한 이해도를 넓혔습니다. 그리고 강의실을 빌려 다른 조원들과 주식 스터디를 매일 했지만, 1학년 학생들의 참여도를 이끌어 내기는 어려웠습니다. 그 후, 팀이 아닌 개별적으로 조원들을 만나 직접 만든 퀴즈를 풀게 하고 회식자리를 마련하여 단합력을 높였습니다. 그러자 하나 둘 주식에 흥미를 보이기 시작했고, 마침내 똘똘 뭉친 팀워크로 대회 2위라는 성적을 거둘 수 있었습니다. 그 대회를 통해 진심은 반드시 통한다는 것과 노력과 열정으로 한계를 극복할 수 있다는 두 가지 교훈을 얻었습니다.

⟨Comment⟩

우선 하나의 항목에 2500자 이내로 작성하는, 매우 장문의 답변을 요구하는 항목이다. 짧게 작성해야 하는 항목도 어렵지만 길게 작성하는 항목도 고민이 될 것이다. 요즘 학생들은 SNS를 사용하면서 짧게, 단답형으로 글을 쓰는 습관이 몸에 배어 긴 글을 작성하는 데 익숙하지 않기 때문이다. 또한 긴 글을 작성할 때 자칫하면 '돌림형' 현상이 발생해버린다. 이는 했던 말을 또 하고, 또 하는 것을 의미한다. 다시 주제로 돌아가서 이번 사례를 보도록 하자. 하나의 질문이지만 요구되는 답변의 성격은 지원 동기, 포부, 성장 과정, 수학 내용, 가치관 형성 경험, 단체 활동에 대한 성과 등 총 6가지이다. 즉, 면접관이 듣고 싶어 하는 내용은 6가지로 제시되어야 함을 의미한다. 그러나 본 사례에서는 지원 동기 및 포부, 성장 과정, 수학 내용(휴학 기간 또는 졸업 후의 공백기 내용 포함), 본인의 가치관 및 인생관에 영향을 끼쳤던 경험, 단체 속의 일원으로 거둔 성과(동아리, 공모전 등)에 대한 답이 모두 있는가?

* 본인 장점 & 단점

과거 유교적 사상이 선비의 예의이자 인의라고 배워 온 한국 사람들에게 가장 어려운 질문이 아마도 본인의 장점과 단점을 말하는 것일 것이다. 내가 잘하고 있는 부분을 숨기는 것이 겸손이라고 들어왔기 때문이다. 하지만 이제는 시대가 변화하였다. 자신의 장점은 적극 부각하고, 단점은 다양한 피드백을 수렴하여 개선할 수 있는 사람이 되어야 한다. 회사에서 이러한 질문을 많이 물어보는 이유는 자가 평가를 통해 어떠한 사람인지, 어떠한 사람이 되기 위해 노력하고 있는가를 확인해보려는 것이고, 역시 나아가서 지원자가 우리 회사와 어울리는 것인가를 알고 싶어 하는 것이다. 장점은 적극 부각하되 자만 또는 자랑이 되어서는 안 되며, 단점은 솔직하게 얘기하되 단점이 아닌 장점으로, 단점을 해결하는 노력에 초점이 맞추어져야 한다.

☞ **우수 사례**(2016년 현대해상 서류 합격)

Q. 타인과 구분되는 본인만의 장점(능력)과 그 장점을 활용하여 탁월한 성과를 창출하였던 경험 및 사례를 구체적으로 기술 바랍니다.

[성우 못지않은 훌륭한 목소리]

중저음의 목소리는 상대에게 신뢰를 준다고 합니다. 은행 기업금융팀에서 근무할 때, 70%에 불과했던 '거래기업 분기별 보고서 수거율'을 전화통화를 통해 100%로 끌어올린 경험이 있습니다. 거래기업 분기별 보고서는 해당 기업의 매출, 주요 거래처현황 등 민감한 사항이 다수 포함되어 있어서 제출하기를 꺼려하는 사장님이 많았습니다. 때문에 같은 팀 선임은 보고서를 수거할 시기가 되면 스트레스를 받는다고 하셨습니다. 저는 그런 애로사항을 파악하고, 사장님들과 직접 통화하며 분기별 보고서가 필요한 이유에 대해서 차분한 목소리로 설명드렸고, 그래도 제출을 꺼리는 사장님께는 직접 만든 PT 자료를 메일로 발송 드리며 설득하였습니다. 마지막에 제출해주신 사장님께서는 호탕하게 웃으시면서, 신뢰 가는 목소리 때문에 믿고 보고서를 주셨다고 합니다. 이 일을 계기로 분기별 보고서 때문에 고민하셨던 선임에게 도움이 될 수 있었고, 은행 사내 커뮤니티 '칭찬합시다' 게시판에 칭찬 글이 올라오면서 저는 경수지역본부의 이선균이라는 별명을 얻게 되었습니다. 최종적으로는 우수 인턴으로 선정되는 등 개인적인 성과도 거둘 수 있었습니다. 물론 단지 목소리 하나만으로 상대에게 신뢰를 준다고 생각하진 않습니다. 진실된 마음과 행동 등 모든 것이 하나로 조화를 이룰 때 상대에게 신뢰를 줄 수 있고, 제가 가장 잘할 수 일이라고 생각합니다. 이런 장점을 활용해 진솔한 목소리와 진실된 행동으로 고객, 동료 직원 모두에게 신뢰를 주는 신입사원이 되겠습니다.

〈Comment〉

많은 학생들의 자기소개서를 보면 장점으로 '열정', '성실함', '창의적', '도 전적' 등 교과서에서 위인을 소개할 때 언급하는 단어를 남발하고 있다. 만약 우리가 면접관이라면 이러한 단어를 쓰는 사람들은 자신만의 장점 이 과연 있는가에 대해 의구심이 들 것이다. 장점을 꼭 멋있는 단어로 쓸 필요는 없다. 본인이 남들하고 차별화되고, 이러한 역량이 회사에 큰 기 여를 할 것이라는 것을 어필하면 된다.

☞ 우수 사례 (2016년 웰컴금융그룹 서류 합격)

Q. 본인 성격의 장점 및 단점에 대해 작성하여 주십시오 (100자 이상 1000자 이하).

[장점 – 약속 중시, 시간 관리, 열정적인 자세]
제가 남들보다 뛰어나다고 자부할 수 있는 세 가지 강점은 약속을 중요하 게 여기는 것, 시간 관리를 철저히 하는 것, 그리고 열정적인 자세를 바탕 으로 매사 최선을 다하는 것입니다.
기획재정부에서 주관하는 경제교육봉사단에 참여해서 초등학교 학생들 의 방과 후 경제 선생님이 된 경험이 있습니다. 학생들을 가르치면서 수 업 마지막에 간단한 쪽지시험을 보고 1등부터 3등까지 간단한 상품을 주 곤 했습니다. 상품을 주는 일을 학생들과의 약속이라고 생각하고 한 번도 소홀히 하지 않았습니다. 또한 학생들의 소중한 시간을 지키기 위해 수업 시작 5분 전에는 반드시 교실에 도착할 수 있도록 노력했습니다. 마지막으로 당시 영어 학원과 아르바이트를 병행하고 있었음에도, 학생들에게 재미있는 수업을 전달해주기 위해 열정적으로 수업 콘텐츠를 준비했습니다. 이런 저의 노력 덕분에 저는 다시 보고 싶은 선생님 투표에서 학생들로부터 1등으로 뽑힐 수 있었습니다. 앞선 세 가지 자세는 타인으로부터 신뢰를 얻는 가장 핵심적인 요소라고 생각합니다. 제가 가진 장점을 바탕으로 고객에게 믿음을 줄 수 있는 웰컴금융그룹의 직원이 되고 싶습니다.

[단점 – 서두르는 습관을 고쳐주는 20분]

학교에서 과제를 할 때, 급하게 과제를 마무리하다가 실망스러운 결과물을 교수님께 제출하는 경험이 많았습니다. 이런 단점을 깨달은 후에는 과제를 시작하기 전에 10분을 투자하고 과제를 마무리하고 10분을 투자하기 위해 노력하고 있습니다. 시작하기 전에는 앞으로 해야 하는 과제의 대략적인 구조를 짜기 위해 10분을 투자합니다. 그리고 과제를 마치고는 과제에 부족한 점은 없는지 확인하기 위해 10분을 투자합니다. 덕분에 서둘러 과제를 마무리하는 습관을 고쳐나가고 있습니다.

〈Comment〉

이번 사례에서는 단점 작성에 대해 높게 평가를 하였다. 간단한 글이지만 그 속에서 단점이 무엇이고, 나는 해결하기 위해 어떠한 내용을 하고 있는지를 일목요연하게 서술하였다. 또한 단점이 이제는 단점이 아닌 장점처럼 보이도록 서술하면서 약점에 대한 부정적인 모습을 상쇄시키려 하였다.

🖝 아쉬운 사례 (2016년 NH농협은행 서류 불합격)

Q. 본인 성격의 장점 및 단점에 대해 작성하여 주십시오 (200자 이내).

[경청과 집중 그리고 완벽함]

장점: 상대방의 말을 경청하고 공감하는 태도를 가지고 있습니다. 또한 한 가지 일에 오랫동안 집중할 수 있고, 그것이 마무리 될 때까지 맡은 바 최선을 다합니다.

단점: 모든 일을 완벽하게 하고자 하는 마음에 일 처리가 늦는 경우가 있습니다. 이를 극복하기 위해 우선순위를 두고 해결하려는 노력을 하고 있습니다.

〈Comment〉

대부분의 자기소개서 항목에서 장점과 단점을 함께 질문한다. 이는 각각의 독립적 요소와 종속적 요소 모두를 고려해야 함을 의미하기도 한다. 사례에서 지원자는 장점으로 '경청, 공감', '집중, 마무리'를 강조하고자 하였고, 단점으로 '완벽, 우선순위'라는 키워드를 전달하고자 하였다. 장점에서는 한 가지가 마무리 될 때까지 집중하고 최선을 다한다고 했다. 즉, 일의 완벽성 추구를 강조하였으나 그로 인해 일 처리가 늦어지는 것을 단점으로 기술하였다.

＊성공 경험 & 실패 경험 - 인재상 및 직무상에 맞춰라

우리도 실제 기업의 면접 담당자로서 많은 지원자들을 접해왔다. 그리고 개인적으로 가장 비중을 두는 질문이 바로 성공과 실패에 대한 경험이다. 성공 또는 성취한 경험이 있는 사람은 성공하기 위한 원인에 대해 이해를 하고, 또 다른 성공을 위해 목표를 설정하고 도전을 하게 된다. 반대로 실패를 경험한 사람은 극복하는 과정에서 대단한 자기 발전과 성숙의 기회를 가질 수 있다. 최근 경영에서 회복성(resilient)이 중요해지고 있다. 불확실한 경영 환경에서 기업은 항상 수많은 위협에 노출된다. 1882년 존슨앤존슨의 독극물 주입 사건, 2010년 BP사의 멕시코만 원유 유출사건, 2010년 도요타 리콜 사태 등 지금까지 기업은 수많은 사건과 위협을 받고 있다. 분명 기업의 생존에 치명적인 사건이다. 그럼 이러한 기업들은 지금 존재하지 않을까? 실패를 교훈 삼아 더 나은 경영을 펼쳐 이전보다 훨씬 성장한 기업이 되어있다. 사람도 마찬가지이다. 항상 좋은 일만 생길 수는 없다. 어려운 여건, 실패 속에서 얼마나 더 큰 성장을 만들어 낼 수 있는가는 유능한 인재를 만드는 데 아주 중요한 요소가 된다.

Q. 본인이 가장 자랑할 만한 성과는 무엇이고 그 성과를 이루기 위해 어떤 노력을 했는지 기술해주십시오.

[준비된 자에게 온 기회]

신한금융투자 기업문화부에 인턴으로 근무하면서 매주 중고등학생을 대상으로 '따뜻한 금융캠프'라는 사회 공헌 프로그램을 보조했었습니다. 금융캠프는 메인 강사와 보조 강사로 나뉘어서 프로그램을 진행했었는데 저에게 처음 주어진 역할은 강의장 및 간식 세팅, 상품 지급, 사진촬영 등과 같은 간단한 역할이었습니다. 이런 역할을 묵묵히 수행하면서 언젠간 학생들 앞에서 강의를 하는 것을 꿈꾸며, 메인 강사분이 진행하는 PT를 학생 못지않게 집중해서 들었습니다. 몇 개월 동안 보조강사로 활동하다가 올해 8월, 당시 금융강의를 담당하던 메인 강사분이 급한 사정으로 시작 5분 전에 불참 의사를 밝혔고, 부서에는 대신 강의를 할 인력이 없는 상황이 발생했습니다. 그때 저는 그 동안 캠프를 보조하면서 배운 경험을 살려서 직접 강의를 진행해보겠다 하였고, 3시간 동안 무사히 진행해 캠프를 마무리했습니다.

[평점 4.81점의 강사가 되다]

그날 실시한 캠프 만족도 설문조사는 5점 만점에 4.81점의 높은 점수를 얻으며 직원분들의 신뢰를 얻을 수 있었고 이후로 정기적으로 메인 강사로 활동하게 되었습니다. 보조 강사에서 메인 강사가 되었을 때도 기뻤지만 캠프가 끝나고 나서 학생들이 함께 사진을 찍자고 하고, 궁금한 것이 있을 때 연락하게 연락처를 달라고 했을 때 정말 큰 보람을 느꼈습니다. 이런 경험을 살려 기업은행에서도 작은 업무부터 천천히 수행하며 실력을 쌓고, 필요할 땐 열정을 보이며 고객과 동료 직원 모두에게 신뢰받는 행원이 되겠습니다.

〈Comment〉

우리는 성공이라는 단어를 생각하면 아마도 스티브잡스와 같은 엄청난 부와 명예를 거머쥔 사람을 떠올릴 것이다. 회사에서 우리에게 그러한 대단한 경험을 요구하지는 않는다. 또한 그런 경험이 있다면 굳이 회사에 취직하려고 하지도 않을 것이다. 크게 작은 경험의 규모를 떠나 그러한 경험을 토대로 지원자가 어떤 역량을 갖추었고, 얼마나 더 성장 가능성이 있는가를 보고자 하는 것이다. 이번 사례는 누구나 다 하는 인턴생활이지만 남들과는 차별화된 또 하나의 결과물을 만들어 내는 것과 이를 만들기 위해 묵묵히 기회를 만들어 가는 과정이 돋보이는 사례로 볼 수 있다.

☞**우수 사례**(2016년 한미약품 서류 합격)

Q. 인생에서 가장 힘들었던 순간 또는 사건은 무엇이었으며, 이를 어떻게 극복했는지 구체적으로 기술하여 주십시오(200자 이상 600자 이내).

[이충우는 '고임목'이다]
군 시절 차량전복사고를 통해 조직 내에서 벼랑 끝에 서 본 경험이 있습니다. 저를 포함한 선후임 3명과 선탑자 간부 1명이 전치 3주의 부상을

입었고 차량 완파 및 공공기물인 가드레일이 파손되었습니다. 또한, 이 사고로 인해 부대 내 무사고 1,000일의 기록이 깨졌고 배차를 받지 못해 3개월간 잡초를 뽑거나 작업만 하였습니다. 그러나 제일 힘들었던 것은 '저 새끼 운전 더럽게 못 하네, 다른 곳으로 전출 보내!'라는 말을 모든 병사 앞에서 들었을 때입니다. 하지만 이대로 주저앉아 벼랑 밑으로 떨어지고 싶지 않았습니다. 3개월간 이등병들과 운전 연습을 처음부터 다시 하는 의지를 보여주었고 차종을 막론하고 모든 차량 검차 및 정비를 제 차인 것처럼 수행했습니다. 또한, 6개월간 도색, 작업, 예초, 분리수거 등 제일 먼저 자진해서 하였습니다. 6개월 후, 이런 노력으로 인해 행보관님이 배차를 주셨고 후에는 더욱 인정받아 대대장 운전병에 발탁되었습니다. 세상에서 사람들의 편견과 의식을 깨는 것은 쉽지 않지만 저는 해낸 경험이 있습니다. 이를 통해 고객들의 편견을 깨는 한미약품 신입사원이 되겠습니다.

〈Comment〉

일부 컨설턴트들은 방송에서 군대 이야기는 절대 사용하지 마라고 한다. 무슨 근거로 그런 얘기를 하는지 모르겠다. 남자들에게 군대의 경험은 훌륭한 소재가 될 수 있다. 위 사례처럼 가장 힘들었던 사건과 그것을 극복한 경험에 대해 상황-행동-결과 모두를 담백하게 제시함으로써 자신이 쉽게 포기하지 않는 사람이라는 것을 충분히 어필하고 있다.

☞ 우수 사례(2016년 SK케미칼 서류 합격)

Q. 자신에게 요구된 것보다 더 높은 목표를 스스로 세워 도전했던 경험 중 가장 기억에 남는 것은 무엇입니까? 목표 달성 과정에서 아쉬웠던 점이나 그때 느꼈던 자신의 한계는 무엇이고, 이를 극복하기 위해 했던 행동과 생각, 결과에 대해 최대한 구체적으로 작성해주십시오(1000 자 10 단락 이내).

[춤추는 토끼 in 시드니]

2013년, 무작정 호주로 떠났습니다. 호주생활은 저의 한계와 잠재력을 발견할 수 있는 좋은 기회라고 생각했고 좋은 기회를 잡아 아이스크림 가게에서 일을 시작했습니다.

그러던 중, 가게의 7번째 체인점 오픈 기념 행사가 열렸고 3일간 하루 10시간씩 토끼탈을 쓰고 길거리에서 가게를 홍보할 직원이 필요했습니다. 당시, 50도가 넘을 만큼의 강한 더위에 시달리고 있었으므로 그 누구도 쉽게 자원하지 않았습니다. 이 소식을 듣고 망설임 없이 자원하였고 이것이 '시드니 토끼' 서막이 되었습니다.

검증되지 않은 어린 한국 소년을 고용해준 사장님께 보답하고자 하루 평균 매출의 10배라는 목표를 스스로 설정하였습니다. 이를 위해, 당시 '강남스타일'이 크게 히트를 치던 시기인 점을 고려해 스피커를 어깨에 짊어지고 거리에서 춤을 추면서 많은 사람들의 이목을 집중시켰습니다. 하지만 첫 날, 평균 정도의 매출에 그쳤습니다. 다양한 퍼포먼스로 사람들의 눈에는 띄었지만 거리의 사람들과 직접 교감하지 않았던 것이 문제라고 생각했습니다. '손님들을 가게로 끌어오는 것'이라는 포인트를 놓쳤던 것입니다.

다음날, 다트 던지기와 사진촬영, 가위바위보 등의 게임을 직접 준비하였고 직접 사람들에게 다가갔습니다. 또한, 어린아이를 둔 가족 단위의 고객들과 젊은 여성 고객을 타깃으로 하였습니다. 이는 적중하였고, 2일간 전체 매장 평균의 5배 매출에 기여했습니다.

온 몸이 땀으로 젖고 숨도 쉴 수 없을 정도로 힘들었지만 많은 사람들이 즐거워하고 가게에도 보탬이 되었기에 그 만족감이 더욱 컸습니다. 이후 3개월간 주말마다 다른 체인점에서도 동일한 임무를 수행하였습니다. 시드니 토끼는 지역신문에도 실릴 정도로 유명세를 탔고 전체 매출 20% 향상에도 기여하였습니다.

유일한 한국인 직원으로 일하면서 '열정'적이고 '적극'적으로 일에 임하는 역량을 발견하는 계기가 되었고 'SK케미칼' 영업인으로서 발휘할 것입니다.

〈Comment〉

해당 사례는 스토리 형식으로 전개하여 읽는 사람들에게 본인의 경험을 아주 효과적으로 전달하였다. 직무 경험이 없는 가짜 컨설턴트나 대학교 직원들은 이런 자소서를 보면 집어던질 것이다. 있어 보이는 표현이 아니기 때문이다. 그러나 실제 기업의 채용 담당관들은 여러분들의 담백하고 솔직한 이야기에 더 많은 관심을 보인다. 필자들의 십수 년간 경험에서 나오는 진실이다.

☞ 아쉬운 사례(2015년 NH농협 서류 불합격)

Q.. 최근 자신이 가장 힘들었던 경험은 무엇이었으며, 어떻게 극복하였는지 기술하시오.

[원룸의 고성방가]

시골에서 올라와 자취를 시작한 지 어느덧 2년이 지났습니다. 얼마 전 살던 원룸의 계약 기간이 끝나서 다른 원룸으로 이사를 가게 되었습니다. 주인 아주머니도 아주 친절하셨고 방도 넓고 깨끗했습니다. 그래서 원룸을 잘 골랐다는 생각을 했고 매우 흡족한 자취생활을 하고 있었습니다. 하지만 일주일이 채 안 된 시점에 문제가 발생했습니다. 옆방에 사는 학생이 친구들을 데려와 새벽까지 소리를 지르고 장난을 치는 것이었습니다. 처음에는 그럴 수 있겠거니 하고 참았습니다. 하지만 그런 일이 점점 자주 일어났고 엄청난 스트레스에 시달리던 저는 옆방을 찾아갔습니다. 아니나 다를까 어려 보이는 학생이 문을 열고 나왔습니다. 그 학생을 처음 보고 저의 신입생 시절이 떠올라 차마 싫은 소리를 할 수가 없었습니다. 그래서 옆방에 사는 사람이라고 소개하고 친해지고 싶어서 왔다고 나가서 밥이라도 먹자고 제안했습니다. 밥을 먹으면서 천천히 이야기를 시작하였고 저의 고충을 자연스럽게 말했습니다. 그 친구는 그 말을 듣고 매우 미안해하였고 앞으로는 주의하겠다고 말했습니다. 다짜고짜 화를 내지 않고 조심스럽게 얘기하였기 때문에 그의 기분도 상하지 않게 하면서 일을 원만하게 해결할 수 있었습니다.

〈Comment〉

살면서 힘든 일이 한 번도 없었다는 것은 거짓말이다. 우리는 다양한 사건/사고 속에서 웃고 때로는 울기도 한다. 본 사례의 가장 아쉬운 점은 과연 제시된 경험이 가장 힘들었던 것이었을까 하는 생각이다. 또한 실패 경험은 사건 - 현상 - 원인 - 해결 방안 - 결과 - 시사점 - 회사/본인 연관성 순으로 전개하여 사건보다는 사건 이후의 과정을 집중적으로 묘사하는 것이 좋다.

＊입사 후 포부 - 수치 이용, 해당 회사의 미래 비즈니스와 연결

　입사 후 포부를 묻는 질문은 지원자가 회사에 입사를 한다면 어떠한 꿈(포부)을 펼칠 것인가를 기술하는 것이다. 앞서 여러 번 언급했듯이, 회사는 채용 과정에서 지원자에 대해 궁금해하지 않는다. 회사에 필요한, 기여할 수 있는 지원자를 찾고자 하는 것이다. 이 질문 역시, 본인의 꿈과 함께 회사의 비전을 달성하는 데 기여할 수 있는 인재의 모습을 제시해야 한다. 최대한 구체적으로 적도록 하자. 두리뭉실한 계획일수록 신뢰성을 떨어지기 마련이다. 마지막으로 끝맺음도 매우 중요하다. '저는 이 회사 입사하면 열심히 해서 대표이사가 되겠다'라고 얘기하는 학생들이 많다. 열심히보다는 제대로가 좋고, 대표이사보다는 '외환 담당 ○○○본부장이 최고인데, 뒤를 잇는 ○○분야 최고 인재가 되겠다'가 더욱 준비된 인재임을 보여주는 것이다.

Q. 당사의 일원으로서 이루고 싶은 목표를 기술하여 주십시오(200자 이상 600자 이내).

[종병사업 본부장]

신뢰성을 바탕으로 고객들에게 먼저 다가가, 그들의 Needs(요구)가 아닌 균14%, 2014년에는 매출액의 20%나 되는 1,525억 원을 신약개발에 투자했으며, 현재 신약 파이프라인에 13가지의 글로벌 신약을 협약 개발하고 있습니다. 1년 안에 한미약품에서 나오는 다양한 약품에 대해 심도 있게 공부하고 고객에게 신뢰성을 주어 고객이 찾는 영업사원이 되고 싶습니다.한미약품의 영업사원으로서, 첫 번째 목표는 CP를 중시한 매출 향상을 통해 HMVP가 되어 중국 북경 연수를 다녀오는 것입니다. 이를 위해서는 먼저 제가 맡은 품목의 전문 지식을 쌓겠습니다. 제품이나 고객들에게 나가는 논문 등 한 달 한 번의 교육을 토대로 전문 지식을 쌓아 디테일로 접근하여 제품의 신뢰를 얻는 영업 활동을 하겠습니다. 또한, 영업사원과 고객과의 관계가 아니라 지속적인 유대 관계를 통해서 고객이 찾는 영업사원이 되도록 하겠습니다. 두 번째 목표는 현장의 경험을 바탕으로 10년 후, 종병사업 본부장이 되겠습니다. 현재 ○○○이사가 만 38세 최연소 한미약품 종병사업 본부장이 된 것을 알고 있습니다.그 뒤를 제가 잇겠습니다.

이 경험을 통해서 백 마디의 말보다, 한 번의 행동이 신뢰를 줄 수 있고, 변화를 끌어 낼 수 있다는 것을 배웠습니다. 한미약품에서도 항상 행동으로 말하는 영업사원이 되도록 하겠습니다.

⟨Comment⟩

입사 후 포부는 명확해야 한다. 단지 좋은 리더가 될 것이라 말하는 시대는 지나갔다. 위 사례에서는 지원회사의 임원을 언급함으로써 면접관들도 충분히 이해할 수 있는 10년 후 목표를 제시하였다. 굳이 지원자가 설명하지 않더라도 면접관들은 어느 정도의 목표를 세웠는가를 알 수 있는 것이다. 또한 향후 계획을 설명하면서 적절한 수치를 인용한 점도 계획의 구체성을 높이는 데 도움이 된다.

☞ 우수 사례(2016년 대한항공 서류 합격)

Q. 입사 후 포부를 설명하시기 바랍니다(600자 이내).

[3개 국어 기내안내 방송자격증 취득]

영어, 중국어, 일본어 등 3개국어 기내안내 방송자격증을 취득하겠습니다. 미국대사관 홍보 UCC대회 1등, 250명 청중 앞에서의 영어 PT대회 입선 경험을 통해 지금도 주 1회 외국인과 식사를 하는 편안함을 갖게 되었습니다. 또한 한자 2급 자격증을 바탕으로 고등학교 때부터 꾸준히 해오던 일본어와 중국어는 혼자 여행을 통해 실전에서 통하는지 확인하고 있습니다. 입사 후에도 틈틈이 승무원으로서의 자격 준비를 우선으로 하여 승객들의 기내 안전과 정보 전달에 도움이 되겠습니다.

[공감할 줄 아는 승무원]

함께하는 팀원 및 고객들에게 '공감하는' 승무원이 되고 싶습니다. 공감은 단순히 들어주는 것뿐만 아니라 직접 행동하는 것에서 그 소중함은 더욱 커집니다. 지난 4년간 아침 3시간 동안의 라디오 청취는 약 24,000여 명의 다양한 모습과 일상을 경청하는 습관을 주었습니다. 또한 평소 사람들의 표정, 얼굴, 특징을 뛰어난 관찰력을 바탕으로 기억을 잘하는 편입니다. 이러한 특성을 살려 비행기를 이용하는 고객들이 의견들에 대해 저만의 '공감 checklist 노트'를 만들어 한 분 한 분 특별하게 모시는 서비스 제공자가 되겠습니다.

〈Comment〉

입사 후에 뭘 하겠다라는 목표가 매우 명확하게 제시되어 있다. 목표가 명확하다는 것은 실현 가능성이 높다는 것을 의미한다. 또한, 그냥 회사에 지원하기 위한 포장된 답변이 아니라, 지금 이 순간에도 목표를 위해 살아가고 있다는 것을 방증하기도 한다. 여러 번 얘기하지만 두리뭉실한 답변은 면접관으로 하여금 전혀 공감대를 이끌어 낼 수 없다는 것을 명심하자.

☞ 우수사례 (2016년 대한항공 서류 합격)

Q. 입사 후 포부를 설명하시기 바랍니다(600자 이내).

'원활한 서비스 제공'에 중점을 두고 3가지 계획을 가지고 있습니다.

첫째, 100% 완벽한 서비스 제공을 위해 매뉴얼을 습득하고, 이에 적응하기 위해 지속적으로 공부 및 실습을 하겠습니다. 또한, 공부하면서 생기는 의문점은 선배에게 물어보고, Role playing이 필요한 부분은 동기, 선배들과 연습하겠습니다.

둘째, 장시간 비행 및 시차를 극복할 수 있는 기초 체력을 기르겠습니다. 영양가 높은 음식과 비타민 등을 섭취하고, 지구력을 키우기 위해 러닝, 사이클 등의 운동을 할 계획입니다.

셋째, '영어'와 '아랍어' 역량을 키우겠습니다. 비행을 하며 생기는 '휴식'은 승무원에게만 주어지는 '기회'라고 생각합니다. 따라서, 타 지역에서 단순히 여가를 즐기는 것이 아니라, 외국인들을 만나며 '영어' 역량을 더 키워나가겠습니다. 또한, 개인 시간에는 '아랍어' 공부를 다시 시작해 또 다른 강점을 만들어 나가겠습니다.

꾸준한 경험을 바탕으로 대한항공의 '수석사무장'이 되는 것이 목표입니다. 2009년과 2010년에 3만 시간의 비행 기록을 세웠던 '박길영', '이순열' 사무장처럼 20~30년 비행하며 40대에는 '박세진' 사무장으로서 후배들에게 귀감이 되겠습니다.

〈Comment〉

본 사례 역시 어렵고, 거창한 목표를 제시한 것이 아니다. 승무원으로서 필요한 역량을 본인이 진짜 할 수 있는 방법으로 제시했다. 여러분들의 자기소개서를 읽은 채용 담당관이 공감을 느끼고, '이렇게 하면 되겠네'라고 생각이 들게 만든다면 여러분들은 합격에 보다 가까워질 것이다.

☞ 아쉬운 사례(2015년 한국주택금융공사서류 불합격)

Q. 우리 공사 지원 사유 및 입사 후 포부에 대해 기술해주십시오(100자 이상 600자 이내).

꼭 공기업에 입사하고 싶었습니다. 공기업의 목표는 공익을 향해있기 때문입니다. 현재 한국 경제는 성장보다도 분배가 필요한 시점이라고 생각합니다. 분배를 통해 다시금 수요를 창출하고 발전할 수 있다고 생각하기 때문입니다.

그리고 공기업은 그 분배의 중심에 있습니다. 공기업을 통해 국가는 사회적으로 최대 후생 수준을 달성할 수 있고, 시장의 실패를 막을 수 있습니다. 저는 경제학을 배우며 그런 공기업의 역할에 큰 매력을 느꼈습니다. 그리고 그 중에서도 현재 사회적으로 가장 큰 문제인 주거 안정을 위한 기관인 주택금융공사에 입사하고 싶습니다. 그래서 주택금융공사에 입사한다면, 사명감과 자부심을 가지고 자아실현을 이룰 수 있다고 생각해서 지원하게 되었습니다.

끝까지 노력하여 입사를 하게 된다면 항상 개선할 점들을 생각할 것입니다. 업무를 하면서 분명 더 나아질 수 있는 부분들이 보일 것입니다. 저는 그런 것들을 개선하며 회사와 함께 성장하겠습니다. 주택금융공사가 발전하고 성장하는 것이 나아가 한국 경제를 이끄는 길이기 때문입니다.

〈Comment〉

요구 내용은 지원 동기와 입사 후 포부 두 가지이다. 그런데 입사 후 포부에 대해서는 언급이 거의 없다. 또한 너무 일반적인 내용으로 지원자가 회사에 들어오면 뭔가 하고 싶은 꿈이 있는가에 대해 회의감이 들 수 있다. 서두에 꼭 공기업에 입사하고 싶다고 기술하였다. '이 친구는 우리 회사를 오고 싶어하는 것이 아니라 그냥 공기업에 취직하고 싶어 하겠지'라는 생각이 먼저 든다.

☞ **아쉬운 사례**(2015년 예금보험공사서류 불합격)

Q. 당사에 입사한 후 앞으로의 계획에 대해 기술하시오(600자).

입사 후 저는 단계적으로 세분화하여 경험을 쌓겠습니다.

입사 후 첫 5년은 저에게도 있어서 중요한 시기라고 생각됩니다. 저는 두 가지 능력을 기르기 위해 노력하겠습니다. 첫째는 경제 분석 능력입니다. 지금도 하고 있는 경제신문 스크랩을 계속하며 금융시장을 분석하고 전망해 경제 전반적인 리스크를 진단하고 대응할 수 있는 발판으로 삼겠습니다.. 두 번째는 통계 관련 자격증 취득입니다. 학교에서 계량경제학이라는 과목을 수강하게 되면서 통계 분야에 관심을 가지게 되었고, 현재 학교 내 정보통계보험수리학과를 복수전공 하고 있습니다. 앞서 말했던 경제 분석 능력을 뒷받침하기 위해서 SAS BASE자격증 취득을 위해 힘쓰겠습니다. 더불어 현재 공부하고 있는 보험계리사 2차 시험과 업무를 병행해 리스크 관리에 대한 전문성을 기르고 싶습니다.

첫 5년을 통해 일이 익숙해진 상태에서 문제를 다양한 측면에서 볼 수 있는 능력을 갖추게 될 것입니다. 문제 해결을 위해 신선한 아이디어를 제공할 수 있으며 자칫 현실과 동떨어질 수 있는 문제들에 대해 방향성을 제시하겠습니다. 이를 바탕으로 종국엔 예금보험공사의 한 부서를 책임지는 중간 관리자가 되겠습니다. 새로 들어와 저와 같은 시행착오를 겪는 후배들에게 15년 동안의 노하우를 알려줘 업무 효율성을 높이고 회사의 발전에 기여하겠습니다.

<Comment>

입사 후 계획을 단계적으로 세분화하려고 한 점은 높게 평가할 수 있다. 하지만 가장 큰 문제는 모든 내용을 본인 위주로 썼다는 것이다. 학교는 학생이 돈을 내고, 필요한 역량을 배우는 곳이다. 회사는 직원이 돈을 받고 회사에 필요한 역량을 제공하는 것이다. 즉, 회사는 직원에게 공부만을 가르치는 집단이 아니다. 그런데 사례를 보면 본인의 역량 개발을 위해 이것저것 하겠다는 의미가 강하다. 이러한 역량이 회사에 꼭 필요한 것이라는 것을 좀 더 어필했으면 훨씬 더 좋았을 것이다.

☞ 아쉬운 사례(2015년 한국금융투자협회 서류 불합격)

Q. 입사 후 어떤 일을 하고 싶으며, 한국금융투자협회에서 10년 후 이루고 싶은 목표는 무엇인지 서술하시기 바랍니다 (1600 Bytes 이내).

대국민 금융투자교육을 통해 금융에 대한 올바른 가치관 확립에 힘쓰고 싶습니다. 대학교 1학년 때 미래에셋박현주재단에서 진행한 지역 아동센터 경제교실에서 교사로 활동했었습니다. 초등학생들이 보드게임을 통해 자연스럽게 경제에 대해 알아가고 경제에 대한 올바른 가치관을 확립하는 데에 목표를 둔 프로그램이었습니다. 처음에 친구들은 금리와 같은 개념들에 대해 다소 생소해하기도 하고 어려워하기도 했습니다. 하지만 보드게임을 통해 이러한 단어들에 익숙해지고 이는 경제에 대한 관심으로 이어졌습니다. 보드게임 및 경제에 대한 이야기를 통해 초등학생들의 경제에 대한 올바른 가치관 확립에 도움을 주었다고 생각합니다.

한국금융투자협회에서의 제가 하고 싶은 일도 크게 다르지 않습니다. 우리나라의 많은 어른들도 금융에 대해 잘 알지 못하거나 관심은 있지만 배울 기회가 없으신 분들이 많이 있습니다. 저는 이분들이, 초등학생 친구들이 경제에 대한 올바른 가치관을 가질 수 있었던 것처럼 금융투자에 대한 올바른 가치관을 가질 수 있도록 도와드리고 싶습니다. 이를 위해 단순한 금융투자교육이 아닌 정말로 수요하고 싶은 그들의 눈높이에 맞춘 교육프로그램을 제공해 올바른 가치관을 확립할 수 있도록 도와드리고 싶습니다.

10년 후에는 대국민 금융투자교육을 통해 교육생을 1만 명 이상 배출하고 싶습니다. 이를 통해 금융에 대한 올바른 가치관을 가진 사람들을 많이 배출하여 우리 사회에 조금이나마 기여하고 싶습니다. 또한 영어, 중국어 등 외국어 능력을 바탕으로 세계로 나아가는 금융인으로 성장하고 싶습니다. 금융투자업은 국경이 없다고 생각합니다. 따라서 어느 직종보다 외국어 능력이 필요합니다. 이를 위해 꾸준히 영어, 중국어 등 외국어 능력을 키워 개인적인 성장과 더불어 한국금융투자협회의 성장에도 기여하고 싶습니다.

<Comment>

이번 사례는 전체적으로 구체성이 떨어진다. 질문에서 입사 후 하고 싶은 일, 10년 후 목표를 얘기했으면 거기에 초점을 맞추어야 하는데, 질문과는 동떨어진 답변이 다수를 차지하고 있다. 또한 개인이 뭘 하겠다는 언급은 없이 회사 위주의 표현이 너무 치중되어 있다.

기타 질문

다음은 자기소개서에서 나오는 질문들 중에서 여러분들이 꼭 알았으면 하는 내용을 추려서 소개하고자 한다. 자기소개서는 사전에 질문을 알 수가 있다. 미리 준비하는 만큼 좋은 답변을 쓸 수 있다는 것을 반드시 명심하자.

＊회사의 핵심가치 중 본인을 나타내는 가치와 그 이유를 보여주는 경험을 기술하십시오.

회사의 핵심가치 또는 인재상은 창의, 혁신, 열정, 도전, 글로벌 등 대부분 비슷하다는 것을 경험하였을 것이다. 이는 동형화(Isomorphism) 현상으로 다양한 단어를 포괄하기 위해 상위 개념으로 갈수록 특정 단어로 귀결되기 때문이다. 우리가 명심해야 할 것은 동일한 의미일지라도 다양한 표현 방법이 있다는 것이다. 예를 들어 글로벌은 '외국인 친구 사귀기', '혼자 외국에 여행가기' 등으로 표현하더라도 읽는 독자는 똑같은 의미를 생각할 것이다. 식상한 단어를 수 없이 언급한다고 진정성을 느끼는 것은 아니다. 핵심가치와 변환되는 키워드, 본인의 경험을 연계시키는 연습을 하길 바란다.

* 본인이 소중하게 생각하는 3가지를 기술하시오.

작성의 경계(Boundary)가 너무나 넓음으로 선정하기 전에 생각나는 가치를 범주화(Category)해 보기 바란다. 예를 들어 인물, 주요 단어, 장소 등 범주화 요소는 다양하게 있다. 중요한 것은 지원자가 소중하게 생각하는 3가지가 반드시 회사도 중요하게 생각하는 것이어야 하는 것이다. 많은 학생들이 회사의 인재상, 경영철학을 얘기하는 경우가 많다. 회사에서 중요하게 생각하는 가치의 의미는 담되, 직접적인 표현은 지양해야 한다.

* 당사의 지속가능경영(CSR) 활동에 있어 잘하고 있는 점과 개선해야 할 점을 기술하시오.

최근 기업의 사회적책임에 대한 질문이 종종 나오고 있다. 현재 금융권에서는 신한은행, KEB하나은행, 교보생명, 동부화재 등 많은 기업들이 CSR 활동을 추진하고 있고, 보고서를 발간하고 있다. 이것이 현재 사회적 트렌드이고, 기업을 향한 요구사항이다. 빅데이터, 사물인터넷은 다들 수업도 들어보고 준비를 하고 있을 것이다. 마찬가지로 CSR에 대해 어느 정도 지식은 만들어야 한다.

＊ 최근에 사회적으로 이슈가 되는 주제를 정하여 본인의 의견을 기술하시오

이 질문은 사회적 현상에 대해 지원자가 평소에 관심을 가지고 있는가를 확인하는 것과 함께, 현상에 대해 정확한 사실적 관계와 진위적 원인 파악, 그에 맞는 본인의 견해를 가지고 있는가 모두를 보기 위함이다. 주제를 선정할 때에는 반드시 해당 기업의 미디어를 조사하여 연관성이 있는 이슈를 찾도록 한다. 해당 이슈에 대해 사실적 내용 기술, 원인 분석, 본인 견해가 제시될 수 있도록 평소에 연습을 해야 한다.

＊ 위 자기소개서 내용 외에 추가적으로 자신을 소개할 내용을 기술하시오

여러 번 자기소개서를 쓰다 보면 나와 궁합이 맞는 질문이 있을 것이다. 하지만 회사별로 질문 항목이 다르다 보니 가끔 내가 원하는 질문이 제시되지 않을 수 있다. 이 질문은 여러분들이 취업을 위한 마지막 기회와 같다. 앞에서 요구한 질문을 다시 보면서 본인을 어필하는 데 빠져 있는 것을 찾아내어 자연스럽게 기술해야 한다.

PART 5

실전에서 돋보이는 면접

면접의 합격, 불합격 결정은 취업컨설턴트가 하는 것도, 회사 인사팀 직원이 하는 것도 아닌, 여러분들이 지원한 지원 부서의 부서장이 결정한다. 따라서, 실무진 면접 준비는 철저히 지원 부서 부서장의 입장에서 해야 한다. 또한 임원면접과 같은 최종면접도 마찬가지로, 나이 지긋한 임원들이 여러분들을 어떤 큰 단위의 사업부(Business Unit)로 보낼 것인가를 결정하는 자리이다. 다시 말해 이 녀석이 우리 사업부에 맞을까 안 맞을까를 결정하는 것이다. 임원면접에서는 이미 실무면접에서 실무적인 부분은 검증이 끝났다고 보고 인성에 관련된 질문이 많아진다. 질문이 쉽다고 해서 면접이 쉬워지는 것은 아니다. 이미 산전수전 다 겪은 임원들은 여러분이 하는 발언의 첫 문장만 들어도 어떤 녀석인지 감을 잡는다. 여러분 주위에 있는 친구들 중에서 학점 좋고, 영어 점수가 높고, 인물 좋은데 꼭 최종면접에서 떨어지는 친구들이 있을 것이다. 단언컨대 인성에 문제가 있을 가능성이 높다. 건방지게 행동하지 말고, 잘난 척하지 말자. 그 사람들은 여러분이 그토록 가고 싶어하던 회사에서 날고 기어 진급한 임원들임을 명심하자. 다시 한 번 기억해두기를 바란다. 최종 합격 여부는 지원부서 팀장 및 임원이 결정한다는 사실을.

1. 면접 항목의 유형

 당신이 이 페이지를 본다는 것은 아마도 서류 전형을 통과하고 면접을 앞두고 있을 것이다. 먼저 서류 전형 합격을 축하한다. 그래도 여러분은 진작 면접을 준비했어야 했다. 어쨌거나 이제는 마지막 단계이다. 면접을 어떻게 준비하는가에 따라 당신은 취업이라는 달콤한 결실을 얻을 수도 있고, 처음부터 다시 시작해야 될지도 모른다. 면접은 대부분의 기업에서 새로운 직원을 채용하는 가장 마지막 과정이다. 면접은 크게 4가지로 구분할 수 있다. 이는 면접의 성격을 의미하는 것으로 진행되는 형태와는 다르다.

경험면접

 지원자의 경험을 통해 회사에서 원하는 인재상과 직무 능력을 판단하고자 하는 유형이다. 면접의 질문 중에서 가장 많은 비중을 차지하는 것으로 어학연수, 전공 수업 활동 등 지원자의 살아온 모든 경험을 질문에 맞춰 녹여내야 한다. 답변은 반드시 해당 기업의 인재상과 직무에 연결시켜야 한다.그 기업의 인재상은 창조적이고 열정적인데, 성실과 글로벌을 강조하는 것은, 난 다른 회사를 가겠다는 것밖에 안 된다.인사팀에 지원했는데 활동적이며 영업 경험이 많다고 말하는 것 또한 어리석은 짓이다.

질문 예시

-살아오면서 가장 힘들었던 경험은 무엇입니까?
-지원하신 직무에 대한 역량을 키우기 위해 노력하신 경험은 무엇입니까?

상황면접

특정 상황을 제시하고, 지원자의 대처 능력을 관찰하여 실제 회사에 입사하였을 때 어떤 행동을 할 것인가를 확인하기 위한 질문 유형이다. 난처한 질문이 가장 많이 나올 수 있으며 이러한 질문에서 대부분의 합격과 불합격이 갈리게 된다. 상황 면접에 대처하기 위해서는 평소 질문과 답변에 대한 연습이 필요하다. 평소 생각을 많이 하고, 집단 활동에 익숙할수록 대답하기 쉬운 면접이다. 난처하다고 인상 쓰지 말고, 정답은 없으니 소신껏 답변하면 된다.

질문 예시

-자사 제품을 처음으로 해외 수출하려고 한다. 어떠한 국가를 우선 검토해야 하는가?

발표면접

주어진 주제에 대해 지원자의 의견을 공식화된 발표 형태로 확인함으로써 회사와의 적합성, 역량을 평가하는 형태이다. 정확한 답을 찾아가는 과정, 전달하는 스킬, 태도 등 복합적으로 평가가 가능하다. 생각보다 많은 학생들이 PT면접을 어려워한다. 특히 경제학, 회계학 전공 학생들은 '너희들은 왜 발표를 못하니?' 물으면 '저 경제학과예요'라는 답변을 한다. 회사에 취업해서 상사가 PT 준비를 시키면 '전 경제학과이니 경영과 출신 시키세요' 할 것인가? 평소에 연습하고, 발표 기회가 있으면 망설이지 말고 시도해야 할 것이다. 청산유수로 말 잘하는 지원자를 뽑는 것이 아니고, 얼마나 조리 있게 이야기하는지에 포인트를 주는 것이 발표면접이다.

질문 예시

–자사의 제품 경쟁력에 대해 경쟁사의 제품과 비교하여 설명하시오(준비 시간 10분).

–최근 국제적 이슈인 브렉시트에 대해 자사의 기회요인과 위협 요인에 대해 설명하시오(준비 시간 30분).

토론면접

특정 주제에 대해 지원자들간의 상호 토론을 실시함으로써 집단적 사고 능력과 조직의 융화 정도를 판단하는 형태이다. 이러한 토론면접에서는 사전에 각자의 역할이 정해지고, 그 역할에 맞춰 참여하는 것이 중요하다. 보통 토론면접에는 상식적인 사람은 떨어지지 않는다. 토론하랬더니 반대 의견자에게 눈 부릅뜨고 싸우거나, 경청하지도 않고 자신의 말만 주장하는 친구들이 떨어지게 된다. 부드럽게 상대편을 쳐다보며 경청하고, 키워드는 살짝 메모하자.

질문 예시

-사형제도의 존폐에 대해 찬반으로 나누어 토론하고, 각 입장의 결론을 설명하시오(토론 시간 10분).

-유가 하락에 따른 제품 가격 인상에 대해 마케팅과 원가팀의 입장에서 토론을 하고 종합된 결론을 설명하시오(토론 시간 30분).

이처럼 면접은 진행되는 형태에 따라 확인하고자 하는 성격이 조금씩 다르다. 이번 기회에 면접의 속성을 정확하게 인지하고, 거기에 맞는 훈련을 하도록 하자.

<그림. 면접 성격>

경험면접
- 목적 : 선발하고자 하는 직무 능력이 필요한 과거의 경험을 질문함
- 질문 예시 - 살아오면서 가장 힘들었던 경험은 무엇입니까?
  - 지원하신 직무에 대한 역량을 키우기 위해 노력하신 경험은 무엇입니까?

상황면접
- 목적 : 특정 상황을 제시하고, 지원자의 행동을 관찰/평가함으로써 실제 상황의 행동을 예상함
- 질문 예시 - 자사 제품을 처음으로 해외 수출하려고 한다. 어떤 국가를 우선 검토해야 하는가?
  - 나에게 1억이 있다면 어떤 것을 가장 먼저 해보고 싶은가?

발표면접
- 목적 : 특정 주제와 관련된 지원자의 발표와 질의/응답을 통해 지원자의 역량을 평가함
- 질문 예시 - 자사 제품 경쟁력에 대해 경쟁사의 제품과 비교하여 설명하시오. (준비시간 10분)
  - 브렉시트에 대해 자사의 기회요인과 위협요인에 대해 설명하시오

토론면접
- 목적 : 제시한 토의과제에 대한 의견수렴 과정에서 지원자의 역량/상호작용 능력을 평가
- 질문 예시 - 사형제도의 존폐에 대해 찬반토론하고, 각 입장의 결론을 설명하시오.

2. 면접에서의 순간 포착
(MOT, Moment of Trust)

  면접은 당일 회사에 온 순간부터 시작이다. 아침에 일어나는 순간부터 면접을 마치고 귀가하는 순간까지 어디서든 면접관과 함께 있다는 마음을 갖자. 이번 내용은 면접의 순간순간 여러분들이 행동하는 유형에 맞춰 숙지하면 좋을 내용을 정리하였다. 면접 당일에는 반드시 읽어 보고 항상 기억해두자.

〈그림. 면접에서의 MOT〉

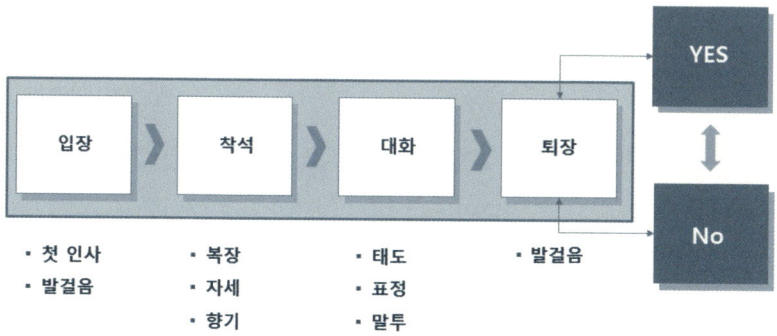

- 첫 인사   - 복장   - 태도   - 발걸음
- 발걸음   - 자세   - 표정
           - 향기   - 말투

면접 전날

정장은 구겨지지 않게 미리 준비하고, 내일 입을 복장, 구두, 머리스타일 등을 확정해 놓는다.

회사 도착

도착과 동시에 면접이 진행되는 것이다. 정해진 시간보다 30분 정도 일찍 도착하여 차분히 기다리는 여유를 만들자. 되도록 커피를 마시지 말고, 담배도 피우지 말고, 혹시라도 직원들과 눈 마주치면 가볍게 목례하자. 그 사람이 당신의 면접관이 될지도 모른다.

대기

면접장에 있는 것과 마찬가지로 행동해야 한다. 다리를 꼬거나 잡담하거나 전화통화를 하는 것 등의 행동은 금물이다. 여성 면접자의 경우 화장을 고치고 싶다면 화장실을 이용한다. 물론 남자도 넥타이나 옷맵시 등을 최종적으로 확인하면 좋다. 우리는 면접 5분 전에 항상 화장실에 가서 가장 자신감 있는 미소를 연습하곤 한다. 일부 회사에서는 채용 담당자가 면접사전안내(오리엔테이션)를 하기도 한다. 이때는 진지한 자세로 관심을 표현하여 좋은 인상을 남긴다. 대기하면서 옆 지원자의 전화번호를 받아 친구 만드는 경우가 있는데, 친구는 면접장에서 만들지 말고 평소에 만들자.

입장 및 착석

진행자가 호명하면 '예' 하고 답변 후 지시에 따라 조용히 들어간다. 특별한 지시가 없을 경우 1~2초 여유를 두고 입실한다. 자리로 가서 정식으로 인사하고 수험번호와 이름을 또박또박 말한다. 앉으라는 지시가 있은 후 자리에 앉는다. 착석 시 가능하면 등받이와 10cm 정도 띄어서 앉는다. 불편할지라도 면접이 끝날 때까지 정자세를 유지하는 데 도움이 된다.

면접 진행

- 시선을 아래에 고정하면 자신감이 결여되어 보이니, 질문을 들을 때도 면접관을 응시해야 한다.
- 너무 빨리 말하거나 말끝을 흐리지 않는다.
- 너무 장황하게 답하거나 그 분야의 전문가인 양 답변해서도 안 된다.
- 못 알아들었으면, "죄송합니다만, 질문 내용을 제대로 이해하지 못했습니다"라고 정중하게 되묻는다.
- 발음이 꼬이지 않도록 하며 "~습니다"로 끝나도록 한다.
- 잘 모르는 질문에 꾸미거나 얼버무리지 말고 "모르겠습니다. 생각해 보겠습니다"라고 대답한다.

- 다른 면접자가 대답할 때에도 경청하는 모습을 보인다.
- 대답을 잘 못했더라도 포기하는 인상을 주지 않고 끝까지 소신껏 대답하면 점수를 만회할 수도 있다.
- 마지막에 하고 싶은 말이나 질문의 기회가 주어지면 적극적으로 말한다.

퇴실

문을 닫을 때 부주의하여 '쾅' 소리가 나지 않도록 조심한다. 면접 후 들뜬 표정이나 자신감 없는 표정을 짓지 않도록 주의한다. 면접관은 지원자가 나가는 모습까지 유심히 지켜보고 있음을 명심하자. 퇴실 후에도 바른 모습을 보여야 하며, 면접 질문 등에 대해 다른 지원자와 잡담하는 행동은 삼간다. 밖에 인사부 직원이 있으면 면접을 볼 기회를 준 것에 대해 감사의 멘트를 하고 돌아선다. 퇴실했다고 긴장을 늦추지 말고 회사 정문을 나설 때까지 주의한다.

3. 면접관이 쉽게 범하는 면접 오류

면접관들도 사람이다. 관상학을 전공한 것도 아니고, 사람의 심리를 꿰뚫어 보지도 못한다. 여러분들처럼 과거에 면접을 봐서 입사를 하였고, 특정 분야에 대해 업무를 하고 있는, 조금은 낫지만 평범한 사람들이다. 그렇기에 제한된 시간에 많은 지원자를 면접하다 보면 오류를 범하기도 한다. 대표적으로 놓치기 쉬운 것들이 무엇이 있는지를 살펴보자. 면접관의 입장이 되어 본다면 성공적인 면접을 행하는 데 많은 도움이 되기 때문이다.

첫인상의 오류(Anchoring effect)

지원자가 입장하는 순간 외모를 보고, 또한 최초 1~2분간 답변 또는 이미지를 통해 지원자를 판단해버리는 것이다. 한번 결정을 하면 그렇게 믿어버리는 경향이 존재하기 때문에, 첫인상은 매우 중요하다. 살짝 웃자.

후광 오류(Halo effect)

지원자가 가진 장점이나 특성에 동화되면 다른 역량도 우수할 것으로 믿는 것을 의미한다. 예를 들어 외국 명문대 출신의 지원자는 영어도 잘할 것이고, 성실히 살았을 것이고 등 다른 영역까지 좋게 볼 수 있는 것이다.

동질성의 오류

면접관의 개인 성향, 출신 학교, 취미 등에 있어 유사한 지원자가 있을 경우 자신과의 유사성에 따른 지원자의 장점만이 부각될 수 있는 오류이다. 물론 상이성에 따른 불이익도 있을 수 있다.

시계열에 따른 오류

면접 시간 동안 최초 습득한 정보는 이후의 정보에 비해 기억력이 약해지는 오류를 의미하는 것으로, 복수의 지원자가 동시에 진행할 경우 발생할 수 있다. 이런 것을 방지하기 위해 면접관들은 중간중간에 메모를 한다.

대비효과의 오류(Contrast effects)

여러 명의 지원자가 동시에 면접을 보는 경우 아주 역량이 뛰어난 지원자가 있으면 상대적으로 다른 지원자에게도 영향을 줄 수 있는 것을 의미한다.

정규화 오류

아주 뛰어나거나, 아주 그렇지 않은 지원자를 제외하고는 변별력 측정을 어려워하는 경향을 의미한다. 우리들도 각종 설문조사를 하다 보면 대부분 보통이라는 등급에 표시하곤 한다. 이를 방지하기 위해 일부 기업에서는 5점 척도를 기준으로 3점(보통)을 없애기도 한다.

말솜씨

요즘 학생들은 다들 스피치 학원을 다니는지 말을 잘하는 친구들이 많다. 면접에서도 말을 잘하는 지원자들이 역량을 떠나 좋은 인상을 받기도 한다. 하지만 익히 알려진 대표적인 오류이기 때문에 회사에서는 그러한 것에 현혹되지 않도록 면접관들을 교육시키고 있다. 말을 잘하는 사람을 뽑는 것이 아니고, 조리 있어 설득력이 있는 친구를 뽑는 것이다.

4. 면접관을 이기는 면접 노하우

   면접을 보러 들어가면 여러 명의 면접관들이 있다. 분명 깔끔하게 생긴 면접관이 자기소개를 하라고 시키고, 다른 면접관들은 여러분 얼굴도 안 쳐다보고, 여러분이 제출한 자기소개서 급하게 읽고 있을 것이다. 그 사람들이 면접관으로 차출되었지만, 업무에 바빠 이제서야 자기소개서를 읽는, 여러분이 지원한 부서의 과장 혹은 팀장일 가능성이 높다. 그 사람이 당신을 뽑는 것이지, 깔끔하게 옷을 입고, 면접 가이드한다는 인상을 주는 인사부 직원이 여러분을 뽑는 것이 아니다. 각 부서 면접관들이 여러분의 점수를 채점하고, '저 사람이요' 하면 합격, '아니다' 하면 불합격이 되는 것이다. 그 결과를 인사팀 직원들은 여러분에게 문자나 메일로 합격 여부를 통보하는 것이 일반적인 채용 절차이다.

   면접은 면접관과 지원자간의 심리 싸움이다. 누가 더 자신감 있게 대화를 이끌어 가는가가 합격과 불합격을 가르게 된다. 회사에서는 지원자에 대해 확인하고자 하는 여러 속성을 다양한 면접 형태를 거쳐 판단한다. 대표적으로 진행되는 면접 형태별로 여러분들이 꼭 알아야 하는 노하우를 알아 보자. 모든 면접에 앞서 우리가 가장 강조하는 것은 바로 '자신감'이다. 여러분들이 스스로 위축되어 있으면 어떻게든 면접관에게도 보이게 된다. '스스로 잘 할 수 있다'라는 마음을 가지는 것이 가장 중요한 준비물이다. 면접관도 분명 사람이기에 선호하는 성격 및 성향이 있을 수 있다. 세상엔 다양한 사람이 많으니 자신이 그러한 부분에 맞지 않으면 면접관에 따라 운이 작용하거나 그 동안의 모든 노력이 물거품이 되는 것은 아닐까 하는 걱정은 하지 말자. 간단한 예로 여러분들은 과연 자신들이 이상형으로 생각하는 사람만을 사귀게 되었는지 물어보고 싶다. 아니지 않은가. 이처럼 자신이 강점을 보이는 부분에 대해서 얼마나 면접관을 공감시켰는지가 제일 중요한 요소라고 볼 수 있다.

일반면접

• 잘난척하는 답변은 피하자

: 면접관들은 회사에서 차출된, 여러분들보다 똑똑한 사람들이다. 여러분들이 가지고 있는 지식, 경험의 몇 배의 내공을 보유하고 있는 사람이 면접관이다. 내가 해당 분야에서의 준비된 인재임을 보여주기 위한 자신감과 잘못된 자만감은 반드시 구분해야 한다.

• 눈빛도 훌륭한 커뮤니케이션 수단이다

: 질문에 대한 답변을 할 때, 그리고 다른 지원자가 대답을 할 때의 시선 처리는 면접관과의 끝나지 않은 대화의 일부분이다. 시선은 자연스러워야 한다. 시선을 피하는 행위는 자신감 결여를 의미하고, 너무 강렬한 눈빛은 오히려 면접관이 부담스러워할 수 있다.

• 스피칭은 강약의 기술이다

: 수많은 지원자의 답변을 듣다 보면, 간혹 거슬리는 느낌을 받는 경우가 있다. 이는 부적절한 단어 선택, 목소리, 억양, 말의 속도, 강약 조절 등의 부조화가 주 원인이다. 또한 자신이 없는 답변의 특징은 추상적이고 시간이 늘어지는 것이다. 군더더기가 많다. 군더더기는 제거하고 표정은 밝게 한다.

• 과도한 제스처는 금지하도록 한다

: 면접관의 시선은 여러분의 얼굴 주위에서 유지되게 하는 것이 좋다. 앉은 자리에서 과도한 몸짓을 해야 효과적으로 전달되는 내용은 아마 없을 것이다.

• 몸은 흔들지 말고, 눈동자는 돌리지 말자.

: 많은 지원자가 보이는 약점이다. 오랫동안 바른 자세로 앉아 있는 습관이 부족한 학생들은 면접 시간이 육체적으로 매우 힘들다. 본인도 모르게 자세가 흔들리게 된다. 또한 눈동자를 위아래로 수 없이 움직이는 경우가 많다. 흔히 눈동자가 위로 향할 때는 잘 모르는 경우, 아래로 향할 때는 자신감이 없는 답변을 할 때 보이는 습관들이다.

• 준비한 유머가 힘을 발휘할 수 있다.

: 유머 하나쯤은 준비해서 면접 분위기에 따라 써 먹을 수 있도록 하자.
상황을 반전시킬 수도 있다.

• 긴~ 답변은 NO

: 말을 많이 한다는 것은 <u>스스로 결론과 근거에 대해 자신이 없다는 것을</u>
의미한다. 말은 간결하게 해야 한다. 실제 회사들의 회의를 보면 간부들
이 가장 많이 사용하는 단어가 바로 '그래서, 뭐'이다. 이를 위해 모든 대
답은 두괄식으로 하고, 중요한 것부터 대답해야 한다.

• '열심히 하겠습니다' 보다는 '제대로 하겠습니다'에 익숙해 지자

: 열심, 최선, 성실이라는 단어를 남발하기 보다는 회사가 저를 뽑은 것에
대해 후회를 안 할 것이라는 인상을 줘야 한다.

• 반복 어구의 잦은 사용은 본인의 밑천을 보이는 것이다

: 평소 지식이 풍부한 사람은 동일한 의미를 다르게 전달할 수 있다. 또한
이는 답변을 외운 사람과 진짜 그렇게 생각하는 사람을 구분하는 기준
이 되기도 한다.

• 충분한 호흡, 질문과 답변에 여유를 둬라

: 난처한 질문을 받으면 잠시 생각하고, 호흡을 한번 한 후에 대답해라.
면접은 말을 빨리 하는 시험이 아니다.

• 마지막 한마디는 비장의 카드이다

: 모든 질문에 답변을 잘하기는 어렵다. 마지막 한마디는 여러분들의 실

수를 없애버리는 유일한 카드이다. 가끔 실제 면접에서 하고 싶은 말을 하라고 하면 안 하는 학생들이 있는데 정말 아쉬울 때가 많다. 그렇다고 쓸데없는 얘기로 오히려 마이너스가 되어서도 안 된다. 이 마지막 한마디가 당신의 인생을 바꿀 수도 있다. 미리 준비하자.

토론면접

토론면접은 시작 전 10분-20분 동안 준비할 수 있는 시간을 주는 것이 대부분이다. 이 시간을 잘 활용해야 성공적인 토론을 할 수 있게 된다. 주제를 접한 후, 찬성 측인지 반대측인지를 먼저 결정하고, 주제에 대한 팩트(fact) 및 사례를 찾는다. 이때, 기본적인 숫자는 외우거나 메모하여, 해당 주제에 대해 정확하게 인식하게 있음을 보여주기 바란다. 특히, 토론의 첫 번째 발표자의 경우 주제에 대한 팩트(fact)를 정확히 설명한 후에 발언을 계속하기 바란다.

• 가능한 사회자를 선호하라

: 토론 주제는 사전에 알지 못한다. 이에 짧은 시간에 완벽한 답변을 준비하기는 어렵다. 하지만 사회자는 상충되는 의견을 수렴, 조정, 통합하는 역할을 수행한다. 이는 어떠한 주제가 제시되더라도 진행하는 방법은 동일함을 의미한다. 하지만 평소 나서는 성격이 아니면 사회자 역할에 지원하지 말자.

• 팩트(Fact) &사례는 설득력의 기본이다

: 토론의 핵심은 공감과 설득이라고 해도 과언이 아니다. 즉, 상대방이 고개를 끄덕일 수 있도록 주장을 제시하는 것이 중요하고, 이를 뒷받침 해줄 강력한 무기가 바로 사실 관점의(Fact Based) 정보이다. 서두에는 팩트(Fact)를 먼저 제시하고, 이후 숫자가 포함된 사례를 제시한다는 점을 명심하자.

• 자신의 발언을 했다고 끝이 아니다

: 보통 토론 면접에서 참여자들이 자신이 할 얘기만 생각하기에 자신의 발언이 끝나면 가만히 있는 경우가 있다. 토론은 양측의 주장을 교환하는 상황의 집합이다. 간단하게 자신이 발언을 마치면 자신이 제기한 쟁점에 관해 상대방에서 얘기할 사람이 없는지 물어보는 센스는 토론 면접을 더욱 부드럽게 이어갈 수 있다.

• 상대방이 발표할 때 경청하는 척이라도 하자

: 상대방이 이야기를 할 때 자신이 할 말을 생각하느라 남의 의견을 듣지 않는 지원자가 많다. 토론 면접은 회사에서 발생할 수 있는 다양한 현상을 직접적으로 확인하는 자리이다. 여러분들이 실제 기업에 다닌다고 가정해보자. 상사, 후배, 동료가 이야기하는데 딴짓을 할 수 있겠는가?

• 메모하는 습관을 키우자

: 한 명이 30초간 말을 해도 10분간의 토론 시간 동안 20가지의 생각들이 도출된다. 누구라도 남이 이야기하는 것을 모두 기억할 수는 없다. 메모를 통해 더 나은 답변을 준비할 수 있고, 또한 상대방에 대한 예의이다. 전부 적지 말고 키 포인트만 적어라.

• 토론면접은 이기는 사람을 뽑는 게 아니다

: 면접 분위기에 휩쓸려 상대방을 공격적으로 대하는 경우가 흔히 발생한다. 회사는 한 사람의 의견을 관철시키는 집단이 아니다. 또한 토론의 목적도 의견 교환을 통해 더 좋은 결론을 만들기 위한 것이다. 서로 싸우지 말고 윈윈(Win-Win) 전략으로 가야 한다.

• '누구님의 말씀 잘 들었습니다'

: 채용 과정에서는 모든 순간순간의 태도가 중요하다. 상대방의 말을 듣고 나면 항상 감사의 표시를 하자. 또한 이는 상대방의 의견을 충분히 경청했다라는 자세를 의미하기도 한다.

• 평소에 시사상식 공부를 하자

: 토론면접은 아는 만큼 나오게 된다. 평소에 시사상식에 대한 학습을 한다면 어떠한 주제가 제시되더라도 훌륭한 대화가 될 것이다.

• 마지막 2~3분은 결론을 제시하는 시간이다

: 토론 종료 2~3분을 남겨둔 상황에서는 계속된 쟁점 관련 발언보다는 마무리 및 요약 발언을 해야 한다는 것을 잊지 말자. 실제 토론면접에서는 누군가 마무리하겠지 하는 생각으로, 정막이 흐르는 경우가 많다. 이런 정막이 흐르기 전에, 자신 있게 손 들고 마무리하는 지원자가 되어 보자.

PT(프레젠테이션)면접

PT면접을 시작하기 전, 먼저 자기소개부터 하자. 안녕하십니까, 이러저러한 내용으로 발표하게 된 지원자 ○○○입니다. 의외로 자기소개 없이 시작하는 지원자가 많다. 그 후, 서론, 본론, 결론, 그리고 마무리를 하는데, 서론에서는 발표 주제에 대한 배경 및 팩트(fact) 설명 후, 본론에서 이야기하게 될 내용을 첫째, 둘째, 셋째로 나누어 간략하게 이야기해주자. 본론에서는 서론에서 이야기한 내용들에 대해 살을 붙여 '첫째, 그리고 설명, 둘째 그리고 설명, 셋째 그리고 설명'의 형식으로 발표에 논리성을 높여보자. 결론에서는 본론에서 나온 내용을 다시 한번 간략하게 정리해주고, 이를 통한 지원 회사에 어떤 효과 및 기여(매출, 수익)를 할 수 있는지 얘기한다. 마지막 마무리는, 한 발자국 앞으로 나와 천천히 또박또박, 지금까지 이러저러한 발표를 한 지원자 ○○○이었습니다. 감사합니다 하고 마무리 짓자. PT면접은 말 잘하는 사람을 뽑기 위함이 아니다. 회사에 입사한 후 닥치게 되는 수많은 회의와 발표를 함에 있어, 의견을 논리적으로 전달할 수 있는지 없는지를 보기 위해 시행하는 것이다. 평소 수업시간에 발표하는 습관을 갖자.

• Presentation은 더하고 빼기의 정석이다

: 제한된 분량, 발표 시간에 지원자가 전달하고 싶은 모든 것을 넣을 수는 없다. 면접관이 궁금해하는 것이 무엇인지를 사전에 기획(concept)하고 PT를 준비해야 한다. 하고 싶은 얘기를 두괄식으로 먼저하고, 첫째, 둘째, 셋째로 나누어 살을 붙이고 예시를 들고, 그 후 전체를 마무리하는 전략으로 가라.

• 키워드는 전부 외워라

: 초보 PT의 대표적인 것이 화면을 보고 이야기하는 것이다. PT면접도 엄연한 대면면접이다. 면접관을 보면서 진행해야 한다. 화면은 대화의 리듬을 줄 때, 화면의 특정 정보를 부각하기 위한 경우에만 보는 것이 좋다. 이를 위해 본인이 말하고 싶은 메시지는 기억하길 바란다. 기억할수록 여유 있는 진행이 됨을 잊지 말자.

• PT면접에서 보고자 하는 것은 핵심의 이해와 전달력이다

: 주장을 전개할 때 논리성과 말하고자 하는 메시지를 명확히 전달하는지를 본다. 그러나 많은 학생들은 자신이 찾은 정보를 나열하고 설명하는 데 열을 올리는 우를 범한다. 자신이 찾은 정보를 나열하고 설명하려고 한다면 제한된 준비 시간 때문에 정확히 암기하지 못하여 발언 시 계속 끊기게 되고 이는 청중, 즉 면접관들의 집중력을 급격히 낮추기 때문에 원하고자 하는 목표를 달성하지 못하게 된다. 자신의 큰 틀(주장과 목적)을 먼저 생각하고 탐색한 정보를 그 근거로 활용하려고 생각하고 접근해야 한다.

- **창의적인 답변만이 정답이라고 생각하지 말자**

: 일부 학생들은 남들과 다르게 보이기 위해 주제를 벗어나거나 사회적 통념과는 너무 동떨어진 PT를 진행하는 경우가 있다. 창의가 나쁜 것은 아니다. 하지만 PT는 면접관이 알고 싶어하는 것을 주제로 제시한 것이다. 먼저 답변에 충실해야 한다.

- **메시지를 명확히 하라**

: 보통 PT면접은 5분간의 발표 시간을 준다. 막상 진행을 하면 주어진 5분이 매우 길다는 것을 알게 될 것이다. 이는 면접관들도 마찬가지다. 수십 명의 발표를 듣는 자리에서 지원자들의 말을 모두 기억할 수는 없다. 결론을 명확히 하고 근거를 제시하자.

- **Body Language는 약이 될 수도, 독이 될 수도 있다.**

: PT면접을 하면 딱딱한 자세로 발표하는 사람부터 무대를 휘젓고 다니는 사람까지 다양하다. 자연스러운 몸짓은 발표 장소, 참석자 수, 발표 주제, PT관련 장비 등을 고려하여 면접관의 시선을 뺏지 않는 범위 내에서 메시지 전달을 강화시키는 것을 의미한다. 무조건 고정된 자세를 유지하라, 팔을 움직여라 등은 잘못된 정보이다.

- **주어진 시간을 반드시 지키자**

: 앞서 언급한 5분의 PT시간은 여러분들에게 공통적으로 주어진 제약 조건이다. 아무리 예쁜 장표와 발표를 잘한다 하더라도 시간 준수의 개념을 무시한다면 결코 좋은 결과를 얻을 수 없다. 필자도 PT를 위해 사전에 몇 번이나 연습하고 시간을 측정한다. 어떠한 주제라도 좋다. 모의 면접 준비를 할 때 시간 측정을 꼭 해보기 바란다.

: 요즘은 학교에서 조 단위 과제 발표 등을 많이 진행한다. 평소에 발표를 두려워하는 사람은 면접에서도 별반 차이가 없다. 남들 앞에서 말하는 습관을 만들고, 즐길 수 있다면 50점은 먹고 들어가는 것이다.

이와 같이 면접은 충분한 준비와 연습을 통해 극복할 수 있는 것이다. 이왕이면 정말 가고 싶은 회사가 생애 첫 면접 대상이 안 되었으면 한다. 면접의 경험이 없어, 현장의 분위기를 모르면 본인이 생각하는 분위기로 만드는 것이 어렵게 될 수 있기 때문이다. 그냥 시간을 들여 연습한다고 되지 않는다. 이왕 연습하려면 실전과 같은 연습으로 감각을 익혀라. 모의면접은 가능한 한 많이 하며, 거울을 보고 연습하고, 본인의 모의면접을 비디오로 찍어서 확인해 보라. 여러분의 단점이 바로 보일 것이다. 또한, 연습하는 과정에서 지원하고자 하는 회사를 명확히 설정하고, 충분한 조사를 하자. 지원하는 회사에 대해 제대로 모르는 학생이 대다수이다. 하지만 학생들은 회사에 대한 정보가 제한되어 있어 자칫 잘못된 정보를 접하게 된다. 회사에 대해 가장 잘 아는 사람은 회사에서 근무를 하는 사람일 것이다. 학교 선배 등 주위에 도움이 될 사람이 있다면 적극적으로 도움을 구하길 바란다. 취준생들끼리 모의 면접하지 마라. 취업스터디에서는 그냥 정보만 구해라.

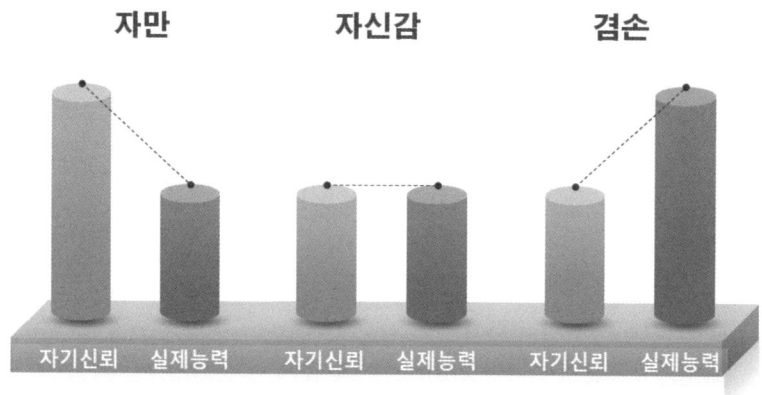

<그림. 면접을 임하는 자세>

일부 기업에서 사용하고 있는 면접평가표를 소개한다. 면접관의 의도를 객관화하기 위해 만든 것이 평가표이다. 모든 회사의 면접 평가표를 알고 있다면 대처하기는 쉬울 것이다. 하지만 그런 고급(?) 정보는 공개되지는 않는다. 다음의 평가표를 보면서 이러한 기준에 서는 내가 합격할 수 있을까 스스로 반문하면서 연습하길 바란다.

<표. 면접 평가표>

Criteria	Description	Comments	Score
첫 인상	▪ 노크 후 정중하게 입장 ▪ 공손하게 인사 및 밝은 표정		
면접 자세	▪ 면접에 적절한 복장 ▪ 면접에 대한 열정 ▪ 호감 정도 ▪ 목소리 톤 ▪ 다른 면접자 경청 ▪ 바디 랭귀지/제스처 ▪ 아이 컨텍트 및 자세		
질문에 대한 답변	▪ 일치성(질문에 맞는 답변) ▪ 논리적(구조화 능력) ▪ 설득력(사실기반 근거 제시) ▪ 해당 분야에 대한 지식 ▪ 대답이 자연스럽고 과장되지 않음		
지원 분야에 대한 지식	▪ 업무에 대한 준비성 (전공 지식 혹은 경험의 연관성) ▪ 지원하는 회사에 대한 지식 및 이해도 ▪ 지원하는 업계에 대한 이해도 ▪ 지원하는 업무에 대한 열정		
마무리/ 기타	▪ 업무 관련 질문을 하는지 ▪ 최종 sales pitch을 하는지		
		Total	/100

Comments: 전반적인 총평

5. 최신 면접 기출 문제

　많은 학생들이 자기소개서보다 면접을 어려워한다. 가장 큰 이유는 면접에 어떠한 질문이 나올지 사전에는 알지 못하기 때문이다. 또한 찰나의 순간에 생각을 하고 답변을 해야 하는 신속함이 요구된다. 이 두 가지가 결합되어 본인이 생각하지 못한 질문을 받았을 때, 학생들은 평소의 안 좋은 습관들이 나오는 것이다. 물론 면접관들은 지원자의 솔직한 모습을 보고자 하는 목적을 충분히 달성할 것이다. 불확실한 미래를 예측 가능하도록 준비하는 것이 취업을 위한 지름길임을 꼭 기억하자. 면접에서 나오는 질문들은 기업별, 연도별로 많은 차이가 있는 것이 아니다. 평소에 예상되는 질문을 정하고, 실제 상황에서는 어떻게 답을 할까 생각하면 즉흥적으로 대응해야 하는 순간에도 준비된 답변을 할 수 있다. 아래에서는 최근 기업에서 실제 제시된 면접 질문들이다. 이 글을 읽어 나면 이러한 질문에 대해서는 자신감 있는 답변을 할 수 있길 바란다.

인성 관련 질문

면접은 기본적으로 지원자의 자기소개서를 토대로 질의 항목이 생성된다. 반대로 얘기하면 내가 쓴 자기소개서를 보면서, '내가 면접관이라면 어떤 부분을 궁금해 할까'를 생각해야 한다. 특히 인성 관련 질문은 자기소개서에 제시된 살아온 경험, 성격의 장점과 단점 등을 토대로 지원자가 얼마나 우리 회사에 적합한지를 판단하기 위함이다. 이에 면접 준비에 있어 자기소개서를 다시 한 번 봐야 한다.

＊ OOO 지역 출신이시네요. 지역에서 자랑할 만한 것 3가지 소개해 주세요.

지방 출신의 학생들에게 주로 묻는 항목이다. 이력서나 자기소개서에 출신 지역을 강조해야 하는 사안이 아니라면 특별히 지역 연고를 언급하지 않는 것이 좋다. 만약 지역을 얘기했다면 그 지역의 특징, 최근 현안에 대해 간단하게 조사를 하자

＊ 최근 1년의 경력/경험에 있어 공백기가 있는데, 어떤 것들을 했나요?

대부분 학생들의 자기소개서에 대학 재수, 고시 준비, 취업 준비 등 좋지 않은 경험은 잘 적지 않는다. 그러다 보면 특정 기간에 공

백이 생길 수밖에 없다. 이러한 이력이 있는 학생들은 반드시 질문이 나올 것을 예상하고 준비를 해야 한다. 고시 준비는 반드시 적어라, 그리고 질문을 기다려라.

＊상사의 지시가 자신의 생각과 다를 때, 어떻게 대처할 것인가?

조직 적합성을 확인하는 대표적인 질문이다. 상황 질문이라고 부르기도 하는데, 이는 어떠한 상황을 제시하고 지원자의 답변에 따라 개인의 성향을 추정하는 형태이다. 가상적인 상황이기에 정답이 있는 것도 아니다. 이러한 질문 유형은 사전에 답변을 정하고 주위 어른들에게 의견을 꼭 들어보길 바란다.

＊최근에 감명 깊게 읽은 책에 대해 설명해주시기 바랍니다.

요즘 인문학이 강조되면서 책, 영화, 미술 등에 관한 질문이 종종 제시된다. 각 분야별로 한 가지 정도는 미리 생각해두자. 단, 이러한 것은 서로 상반된 의견이 나오는 답변보다는 누구나 다 고개를 끄덕일 수 있는 결론이 좋다.

＊원서 몇 군데 넣으셨어요? 동시에 여러 회사에 합격한다면 어느

회사로 가시겠어요? 왜 우리 회사를 택하신 거죠? 본인의 적성과 맞지 않는 부서로 배치된다면 어떻게 하시겠어요? 상사로부터 부당한 대우를 받는다면 당신은 어떻게 하시겠어요?

모두 유사한 목적을 가진 질문들이다. 지원자가 우리 회사를 다니고 싶은 마음이 어느 정도인지를 확인하고자 하는 것이며, 입사 후 오랫동안 다닐 수 있는 사람인가를 보는 것이다. 어떤 쪽이든 소신껏 말하기 바란다. 애매하게 말하면 어차피 오래 다닐 생각이 없다는 것이니.

* 지원자는 어떠한 회사에서 일하고 싶은가요?

면접관 입장에서는 '지원자가 과연 우리 회사와 분위기가 맞는지 와 입사한다고 해도 이직을 하게 되는 것은 아닌가'에 관심을 가지고 물어보는 질문이다. 일반적인 답변과 구체적인 답변을 모두 준비하면 좋다. 직설적으로 이야기하기 바란다.

* 나만의 스트레스 해소법이 있다면 설명해주시기 바랍니다.

회사는 스트레스의 연속이다. 우수한 인재는 스트레스 관리를 잘하는 사람이다. 어떠한 방법도 좋다. 다만 그러한 활동을 통해 스트레스가 해소된다는 것을 강하게 보여주자.

*친한 친구들이 본인에 대해 어떻게 평가하는지 설명해주시기 바랍니다.

회사는 많은 사람들이 상호 관계를 맺고 있는 집단이다. 즉, 아주 뛰어난 독불장군이 아닌 다양한 사람들과 같이 협력할 수 있는 인재가 필요한 것이다. 다른 사람의 눈에 비친 지원자의 모습을 보면서 회사 생활을 예측하려는 질문이다. 다들 좋은 말을 할 것이다. 단, 자기소개서에 적혀있는 본인과 연관성이 있어야 한다.

*본인 인생에서 가장 중요한 것이 무엇인가요?

인생의 목표가 있는가를 확인해보고 싶은 질문이고, 두 번째는 그러한 중요한 것을 위해 살아왔는가를 확인해보고 싶은 것이다. 3개 정도는 정하도록 하자.

*어머님 생년월일이 어떻게 되시나요? 어머님께서 최근에 관심을 가지시는 취미가 무엇인가요?

이런 질문을 물어볼까 하는 생각이 들 것이다. 당연히 확률이 높은 예상 질문이다. 요즘 바쁘게 살아가는 학생들은 정작 가장 소중히 생각해야 하는 것들을 놓치곤 한다. 우리가 잊지 말아야 하는 것들을 이번 기회에 떠올려보길 바란다.

* 나에게 하루라는 시간과 100만 원의 현금이 주어진다면 어떠한 것을 하고 싶으세요?

대다수의 학생들은 제한된 조건에서 할 수 있는 최고의 경험 또는 의미 있는 경험을 생각하여 답하곤 한다. '어머니와 여행을 가겠다', '아버지에게 의미 있는 선물과 좋아하시는 야구를 함께 보러 가겠다' 등이 그러한 예시이다. 질문의 핵심은 바로 여러분들이 정말 하고 싶어 하는 것을 평소에 하고 있는가를 확인하려는 것이다. 평소에 시간을 내어 어머니와 여행을 가고, 아버지와 야구관람을 하기를 바란다.

* 오늘의 주요 경제 기사에 대해 말씀하여 주시기 바랍니다.

면접 당일에는 한 주 또는 최소 하루의 주요 기사는 꼭 확인하자. 이것은 지식적인 역량을 요구하는 것이 아니라 여러분들이 많은 분량을 할애하여 적어 놓은, 자랑하고 싶은 역량이 진짜인지 확인하는 아주 기초적인 질문이다.

* 알고 지내는 친구가 급하게 돈을 빌려 달라고 한다면 어떻게 하시겠습니까? 만약 빌려 준다면 얼마까지 빌려 줄 의향이 있으십니까?

이 역시 가상의 상황이 주어졌을 때 여러분들의 생각, 행동 등을 보고자 하는 질문이다. 의견을 먼저 제시하고, 본인의 경험이나 근거를 제시하면 더욱 효과적일 수 있다. 추가로 빌려 줄 수 있는 금액을 얘기해야 한다면 본인의 생활비, 첫 월급 등을 고려하여 감당할 수 있는 범위를 잘 생각하기를 바란다.

＊살면서 가장 힘들었던 경험이 있다면 무엇이었는지 설명해주시기 바랍니다.

많은 학생들이 오해하는 것이 '힘든 경험이 있으면 부정적으로 보이지 않을까'라고 생각하는 것이다. 누구나 다 아쉬운 기억들이 있기를 마련이다. 그 속에서 어떠한 성장을 했고, 지금의 여러분들이 있는가를 어필해야 할 것이다. 가끔 부모님, 아픈 친구 얘기를 하는 지원자가 있다. 남 얘기는 절대 하지 않길 바란다.

＊평소 인맥 관리는 어떻게 하고 있습니까?

요즘 학생들은 페이스북, 인스타그램 등을 많이 사용한다. 이에 인맥 관리에 대한 답변도 SNS 네트워킹을 많이 언급한다. 온라인 인맥 관리이든, 오프라인이든 상관없다. 하지만 답변 시에는 추가 질문을 대비하자. 하루에 몇 명이 들어오는지, 글은 몇 개가 등록되어 있는지 등 '진짜' 인맥을 관리하고 있다는 모습을 보여줘야 한다.

* 외부에서 바라보는 우리 회사의 강점과 약점에 대해 설명해주시기 바랍니다.

우리 회사를 얼마나 관심 있게 보고 있는가에 대해 확인하고자 하는 것이다. 강점은 외부 언론 기사를 확인하여 답변할 수 있다. 그러나 약점에 대해서는 진짜 부정적 이슈를 말해야 하는가에 대해 고민할 것이다. 약점보다는 아쉬운 점으로, 본인의 견해보다는 외부의 자료를 기반으로 얘기하는 것이 좋다.

* 좋아하는 동물(색깔)을 본인의 특징과 연결하여 설명해보시기 바랍니다.

'본인의 경쟁력이 무엇인가요'라는 질문에 대한 답변은 모든 지원자가 준비할 수 있다. 이에 면접관들은 의도된 답변을 피하고자 특정 조건을 달아서 질문하곤 한다. 평소에 '나는 어떤 사람인가? 어떠한 직무에 강점을 가지고 있는가?' 끊임없이 고민한 사람들은 충분히 답변할 수 있다.

* 우사인볼트와 달리기 시합을 한다면 이길 수 있는 방법이 무엇이 있을까요? 63빌딩에서 하루에 사용되는 종이컵은 몇 개가 될까요?

면접관들은 정말 당신이 우사인볼트와의 달리기 시합에서 이길 수 있다고 물어보는 것일까? 제한된 시간, 긴장되는 상황에서 얼마나 유연하게 대처할 수 있는가를 보는 것이다. 추가적으로 문제를 잘 생각해 보자. '달리기 시합은 몇 미터?', '결승선에 먼저 들어오는 것이 이기는 것?' 등 여러분들은 당연히 생각하는 규칙들이 면접에서는 당연하지 않을 수 있다. 최선의 답변은 이러한 가정들의 의심에서부터 시작할 수 있다.

＊인턴 경험이 주는 장점과 단점에 대해 설명해보시기 바랍니다.

　많은 학생들은 인턴 경험을 하고 있다. 청와대나 UN 등과 같은 대단한 인턴직이 아니라면 경험 그 자체에 큰 의미를 두기는 어려울 것이다. '전략적 기획력, 커뮤니케이션 능력, 영업 역량 등을 키웠다'라는 것은 전부 거짓말이다. 면접관들도 다 알고 있다. 인턴이 그러한 역할을 수행한다면 정규직은 필요가 없다. 실제 본인이 수행한 과업 중심으로 설명하고, 이를 향후 입사 후 직무에 적용하기 위한 방안을 얘기하는 것이 좋다.

적성 관련 질문

적성 관련 질문은 지원자가 특정 직무를 수행하는 데 얼마나 어울리고, 훌륭하게 수행할 수 있는가에 대한 확인이다. 여러분들은 해당 직무를 수행하는 데 기본 역량은 준비되어 있다는 것을 자신감 있게 보여줘야 한다. 물론 전문가 수준의 역량을 쌓아야 하는 것은 아니다. 신입사원이기 때문이다. 하지만 직무에 대한 관심과 열정은 누구보다 높다는 것을 보여주길 바란다.

＊(공통) 당사의 대표 제품을 제시하고, 경쟁사 대비 뛰어난 경쟁력과 보완해야 할 점은 어떤 것이 있을까요?

질문을 통해 회사는 정말 경쟁사 대비 뛰어나고, 부족한 것을 여러분을 통해 알고 싶어 할까? 당연히 아닐 것이다. 그것을 비전문가인 여러분들한테 들어야 한다면 그 회사는 벌써 망했을 것이다. 지원자가 얼마나 회사, 또는 회사의 제품에 관심을 가지고 있는가를 확인하기 위함이다. 아무리 열심히 준비하여도 면접관보다 많이 알 수는 없다. 어설픈 답변은 매우 위험하다. 특히 정보를 찾을 때 블로그 등 신뢰성이 확인되지 않는 곳은 매우 주의해야 한다.

＊(공통) 본인의 경쟁력이 무엇이라 생각하시나요? 왜 ○○○직무를

지원하셨나요? 해당 직무에 대한 역량을 높이기 위해 평소 어떤 활동을 하시는지요?

아마 질문에 대한 답을 하기는 쉬울 것이다. '당신은 뭐 잘해' 이런 내용이기 때문이다. 하지만 많이 놓치는 것이 지원자의 경쟁력 =회사 기여라는 측면이다. 여러 번 언급했듯이 회사는 당신에 대해 궁금해하지 않는다. 당신의 역량과 태도가 얼마나 우리 회사에 어울리고 기여할 수 있는지에 대해 관심을 가질 뿐이다. 마케팅을 지원한다고 가정하자. 지원자는 직무 역량을 위해 학교에서 마케팅 관련 수업을 많이 들었고, 외부 교육도 들었고, 마케팅 직무 관련 인턴 경험도 했고 등 여러 가지 활동을 얘기하였다. 그럼 면접관은 '경험이 풍부하니 마케팅 업무를 잘 하겠구나'라고 생각하고 합격을 줄까? 회사에 들어가기 전에 외부에서 하는 활동은 한계가 있기 마련이다. 회사에서는 당신의 해당 직무를 진짜 관심 있어 하는지를 보고 싶어 한다. 평소에 관심 있는 직무라면 연관성 있는 경험들이 많았을 것이다.

＊(직무 상식) 최근 미국의 달러가 강세를 보이고 있는데 그 이유가 뭐라고 생각합니까? 공유경제가 무엇이고, 그 장단점에 대해 설명해보세요. 일본에서 양적 완화를 했을 때, 우리나라 경제에 미치는

영향에 대해 설명해보세요. 지난 금요일 환율종가, 주식종가는 어떻게 되는가? 우리 회사 작년 매출이 얼마인지 알고 있습니까?

최근 직무 관련 상식을 많이 물어본다. 교육, 어학연수, 인턴 등 외적 활동에서 확인하기 어려운 지식과 관심 정도를 확인할 수 있기 때문이다. 우리의 실제 경험에 비추면 이러한 질문을 공통적이 아닌 나에게만 한다는 것은 '특히' 시험을 하는 것으로 봐야 한다. 우리는 면접 시 직무 능력이 아주 많다고 건방지게 얘기하는 사람이거나, 경험은 많은데 실제 직무 능력이 없을 것 같은 지원자에게 직무 관련 상식을 돌발적으로 질문하곤 한다. 해당 직무에 대한 상식을 평소에 많이 알아두자.

*(마케팅) 마케팅과 브랜딩의 차이는 무엇이라고 생각하십니까? 마케팅 직무를 하기 위해 그 동안 무엇을 준비하셨나요? 마케팅을 가장 잘한다고 생각하는 기업은 어디입니까?

최근 많은 학생들이 마케팅 직무를 선호하는 경향이 있다. 그러나 정작 기업에서 하는 마케팅 업무에 대해서는 잘 모른다. 희망하는 기업의 비즈니스 흐름도(Business Value Chain)를 그려보고, 마케팅은 어떠한 일들을 하는지 꼭 살펴보자. 그러면 마케팅, 영업, 영업 관리/지원, 상품 기획 등 비즈니스 접점에서의 업무 특성과 차이를 구분할 것이다.

＊(마케팅) 자사의 마케팅 전략을 경쟁사와 비교하여 장/단점을 설명해보시기 바랍니다.

마케팅 수업을 들어본 학생들은 STP(Segmentation, Targeting, Positioning), 4P(Price, Product, Place, Promotion) 등의 용어에 익숙할 것이다. 이런 전문용어를 나열하여 있어 보이는 설명을 하면 좋은 평가를 받을 것으로 착각한다. 면접관들은 여러분들보다 훨씬 더 실제 경험과 전문 지식을 가지고 있다. 지원자들이 평소에 관심을 가지고, 느낀 생각들을 얘기하는 것이 좋다.

＊(영업) 영업에서 가장 중요한 능력은 무엇이라고 생각하십니까? 당사 제품의 판매를 10% 올리기 위한 영업 전략을 소개해주세요.

영업은 말 잘하고, 사교성이 좋은 사람이 적합한 것으로 오인하는 사람들이 많다. 지금은 일부 제품을 제외하고는 포화 상태이다. 즉, 공급자가 수요자보다 훨씬 더 많은 세상으로 영업의 중요성이 매우 높아지고 있다. 현장(Field)에서 이루어지는 모든 경영의 압축이 영업이고, 이를 위한 역량이 무엇인지를 기억하자.

＊(영업) 신혼부부에게 중고 냉장고를 판다면? 50대 주부에게 야구 방망이를 판다면? 70대 노인에게 스마트폰을 판다면? 20대 학생에게 종이신문을 판다면 당신은 어떤 전략을 세우시겠어요?

진짜 판매를 하기에는 말도 안 되는 질문이지만 간혹 출제된다. 어쩌면 이것이 영업일지도 모른다. 영업에는 공식이 없다. 실시간 변화되는 상황, 고객들의 니즈를 파악하여 최고의 조건을 제시하는 것이다. 이러한 유형은 일상적으로 통용되는 사회적 관습, 당연하다고 생각되는 사고의 틀을 벗어나야 문제에 대해 접근할 수 있다.

＊(R&D) 연구 개발 직무를 수행하는 데 필요한 역량은 무엇이라고 생각하십니까?

연구 개발 직무에서 가장 많이 질문하는 유형이다. 특히 제조업에서는 연구 개발의 중요성이 매우 높음으로 우수한 인재들이 많이 모여있고, 회사 내에서 상당한 자부심을 느끼고 있다. 이런 분들이 면접관으로 들어올 때 여러분들은 어떤 대답을 해야 할지 생각해보자. 또한 학교에서 기계공학, 전자공학을 전공했다고 해당 분야의 충분한 지식을 가졌다는 건방진 생각은 하지 말자. 이제 겨우 한글을 깨우친 정도이다.

＊ (R&D) 창의적인 사고를 통해 문제 해결 및 개선을 한 경험이 있으면 '창의'라는 컨셉을 중심으로 설명해주시기 바랍니다.

실제 연구개발 직군에서 근무하는 직원들이 가장 많이 학습하는 것이 바로 창의와 관련된 교육이다. 창의란 없는 것을 새롭게 만드는 것이 아니다. 기존의 불합리한 것을 새로운 형태의 사고와 실행을 통해 더 나은 가치를 제공하는 것을 의미한다. 우리는 일상에서 수많은 모순점을 접해 왔고, 개선해 왔을 것이다. 사물을 근본적으로, 다르게 볼 수 있는 시각, 개선을 위한 진심과 실행력에 초점을 맞추어 보자.

＊ (생산/품질 관리) 생산 관리(또는 품질 관리)는 어떤 일을 하는 직무인지 아는 대로 설명해보세요. 직무 관련 자격증을 취득하는 과정에서 어떤 역량을 키우셨나요?

이공계 출신 학생들은 현장직무(생산, 생산 관리, 품질 관리 등)에 대한 관심이 많을 것이다. 물론 대부분의 공장들이 지방에 있다 보니 꺼려하는 학생도 있지만, 많은 인원의 채용이 있으므로 한번쯤은 고려할 수 있다. 관련 직무는 자격증이 많이 있다. 그러나 단기간 공부해서 취득되는 것이 별로 없다. 관련 직무에 대한 충분한 검토 후 적성에 맞다 판단되면 미리 관련 역량을 준비하도록 하자.

* (생산/품질관리) 생산과 품질간의 상호 이해관계자 상충될 때 당신은 생산의 입장인가요? 품질의 입장인가요?

관련 직무에 지원하는 학생들은 꼭 기억하자. 생산과 품질은 하나를 희생해서 얻어지는 것이 아니라 두 가지 모두 충족될 때 각자의 목적이 달성되는 것이다. 여러분이 품질 직무를 희망하더라도 품질이 우선되어야 한다는 극단적을 답을 해서는 안 된다. 회사의 궁극적인 목적을 상기하고, 그에 맞는 생산과 품질의 역할을 균형적으로 제시하도록 하자.

* (서비스/고객관리) 진상고객이 찾아왔을 때 어떻게 대처하시겠어요? VIP고객이 해외에서 불법으로 은행 계좌를 개설해 달라고 하면 어떻게 하시겠어요? 최근 일부 고객에 의한 서비스 직원 피해 사례(막말, 폭력, 성희롱 등)와 관련하여 회사에서 할 수 있는 해결책을 설명해 보시기 바랍니다.

어떠한 비즈니스이든 간에 고객은 중요하다. 우리의 재화나 서비스를 구매/이용하기 때문이다. 고객만족경영 등도 기업에서 흔히 보는 방침이다. 그러나 최근 일부 고객들의 몰지각한 갑질 행위로 우리를 짜증나게 만들기도 한다. 3자 입장에서는 욕할 수 있다. 하지만 기업의 직원이라면 참으로 난처할 것이다. 여러분들의 원칙을 세우자. 무조건적인 고객만족의 시대는 지나갔다.

* (경영 기획/지원) 어려운 것을 해결한 경험을 설명하시고, 그것이 직무를 수행하는 데 어떠한 도움이 되는지를 설명하시오. 어떤 일을 위해 밤새워 수행해본 경험과 그를 통해 얻은 것이 무엇인지를 설명하시오.

경영 기획, 경영 지원과 같은 Staff 업무는 특별한 직무 역량보다는 직무를 수행하는 데 필요한 기초 역량에 대한 질문이 많이 나온다. 문제 해결, 창의, 성실성, 팀워크 등 관련 키워드들과 여러분들의 경험을 하나씩 매칭해놓으면 면접에서 많은 도움이 될 것이다.

* (경영기획/지원) 경영기획에서 가장 중요하게 고려되어야 할 역량은 무엇이라고 생각하십니까?

경영기획은 회사의 전체적인 전략을 수립하는 최상위 부서이다. 반면 모든 기능이 유기적으로 수행될 수 있도록 필요한 것을 지원하는 부서이기도 하다. 회사마다 세부 기능이 다를 수 있다. 흔히 학생들이 생각하는 기획력, 문제 해결 능력만이 아니라 각 회사별 경영기획 및 지원 업무를 확인하고 직무에 맞는 역량을 어필하도록 하자.

＊ (금융권) Utility이론과 보험과의 관계성에 대해 설명해보시오. 개인 영업과 법인영업의 차이는 무엇이라고 생각하십니까? 최근 금융산업에서 화두가 되고 있는 주제를 하나 정하여 설명하시기 바랍니다.

금융기업은 직무, 기업에 대한 전공 지식을 묻는 질문이 많이 나온다. 최근에는 산업의 융복합이 활발하게 이루어져 전통적 금융 지식 외에도 다양한 경제관련 지식을 요구하기도 한다. 은행, 증권, 보험 등 업종별로 정확한 이해를 하고 관련된 지식을 미리 학습해야 한다. 최근에 산업에서 이슈가 되고 있는 사항에 대해서는 꼭 기억해두자.

＊ (금융권) 은행, 증권, 보험, 자산운용 등 금융산업 내 분류간의 차이점에 대해 설명해보세요.

최근에 금융권에 지원한 학생들에게서 가장 많이 듣는 질문 중 하나이다. 반면 많은 학생들이 정확하게 차이를 모르고 있다. 그리고 세부 분류별로 선호하는 인재의 역량과 특성도 다르다. 최소 본인이 지원하는 분야에 대해서는 확실하게 알아서 가자.

＊(공공기관) **사회적책임(CSR)에 대해 설명해보시오. 우리 공사에서 가장 중요하게 생각하는 것이 무엇인지 설명해보시오.**

사회적책임(CSR)은 최근 많은 기업 및 공공기관에서 추진하고 있는 활동이다. 특히 공공기관은 공익을 추구하는 집단임을 잊지 말자. 대부분 공공기관은 사회적책임 활동을 적극적으로 하고 있다. 해당 기관의 사회 공헌, 지속가능경영, 윤리 등의 키워드를 주의 깊게 보고, 답변 시에는 일반적인 개념보다는 기관의 실제 사례 위주로 설명하도록 하자.

＊(공공기관) **공공기관 성과연봉제 도입에 대한 본인의 의견을 설명해보시기 바랍니다.**

공공기관은 정부의 역할을 대행하여 수행하는 기관이다. 이에 정부의 정책에 따라 다양한 이슈가 발생할 수 있다. 최근에는 성과연봉제 도입으로 일부 기관에서 노조와의 갈등이 발생하고 있다. 본인의 주장만을 제시하지 말고, 당신이 회사라면, 회사 간부라면 어떠한 답변이 가장 안정적일까를 생각해보길 바란다.

⟨실제 ○○ 회사의 면접관 평가 가이드 라인 및 평가표 예시⟩

주요 능력 기본 질문	
문제해결능력	어려운 상황을 풀기 위한 노력이 허사가 된 적이 있는지 얘기해 주세요. 또는 동기들이나 친구들이 풀지 못한 문제를 본인은 해결한 적이 있나요?

추가로 들어가야 하는 상세 질문	
A. 생각	주어진 상황에 대하여 생각하는 과정에 대한 설명과 결정에 대한 사유를 설명하시오.
B. 행동	문제 해결을 위해 취한 구체적인 행동은 무엇인가?
C. 결과	그로 인한 결과는 무엇이었나?
D. 학습	배운 점은 무엇인가?
E. 응용	배운 점을 활용한 경험은 무엇인가?

지원자의 부정적 특징 요소
자기만의 범주에만 갇혀있는지 여부
빠르고 쉬운 해결책만 찾았는지 여부
신중히 고려했는지 여부
정보의 소스를 다변화 했는지 여부
안전 적인 대안만을 다뤘는지 여부

지원자의 긍정적 특징 요소
실패와 성공시의 결과물을 모두 예상해 봤는지
새로운 문제를 능동적으로 받아들였는지
도전 정신이 강했는지
핵심에 빠르게 접근했는지

전반적 평가 : 해당 능력에 대해 후보자를 평가한다면				
매우 충족	충족	보통	충족 못함	상당히 충족 못함

주요 능력 기본 질문	
행동력	어려운 상황에도 좋은 성과를 냈던 적이 있었나요? 남들이 모두 해내지 못할 때 자신은 문제를 풀어낸 적이 있었나요?

추가로 들어가야 하는 상세 질문	
A. 생각	주어진 상황에 대하여 생각하는 과정에 대한 설명과 결정에 대한 사유를 설명하시오.
B. 행동	문제 해결을 위해 취한 구체적인 행동은 무엇인가?
C. 결과	그로 인한 결과는 무엇이었나?
D. 학습	배운 점은 무엇인가?
E. 응용	배운 점을 활용한 경험은 무엇인가?

지원자의 부정적 특징 요소
일을 지체시키진 않았는지 여부
시간 낭비 요소가 있진 않았는지 여부
계획 없이 무조건 덤비진 않았는지 여부
쉽게 결론 내고 포기하진 않았는지 여부
담대함이 부족하여 일을 머뭇거리진 않았는지 여부

지원자의 긍정적 특징 요소
가용한 자원이 많았는지 와 모두 활용했는지여부
자신의 목표치가 충분히 높았는지 여부
주어진 임무에 대한 열정이 충분했는지 여부
인내심있게 일을 추진했는지와 주위 사람들과 문제가 없었는지 여부

전반적 평가 : 해당 능력에 대해 후보자를 평가한다면				
매우 충족	충족	보통	충족 못함	상당히 충족 못함

주요 능력 기본 질문	
학습력	기존에 접하지 못했던 과제를 풀기 위해 촉박한 시간에 학습해야 했던 경험을 얘기해 주세요.

추가로 들어가야 하는 상세 질문	
A. 생각	주어진 상황에 대하여 생각하는 과정에 대한 설명과 결정에 대한 사유를 설명하시오.
B. 행동	문제 해결을 위해 취한 구체적인 행동은 무엇인가?
C. 결과	그로 인한 결과는 무엇이었나?
D. 학습	배운 점은 무엇인가?
E. 응용	배운 점을 활용한 경험은 무엇인가?

지원자의 부정적 특징 요소

자신의 의견만을 고집하고 다른이에게 조언을 듣지 않았는지 여부

충분한 시간을 들여 문제에 대한 고민을 했는지 여부

계획 없이 바로 추진하진 않았는지 여부

성급하진 않았는지 여부

지원자의 긍정적 특징 요소

핵심을 바로 파악하는지 여부

저의를 잘 잡아냈는지 여부

충분한 소스를 이용하여 정보를 구했는지 여부

좀 더 깊이 있게 접근하려 노력했는지 여부

전반적 평가 : 해당 능력에 대해 후보자를 평가한다면				
매우 충족	충족	보통	충족 못함	상당히 충족 못함

에필로그

꿈을 꾸는 자는 실천에 옮기고, 실행하는 자는 꿈을 이룬다

배헌

세상에서 제일 쉬운 것 중 하나가 취업이라고 생각합니다. 단순히 학점을 잘 받기 위해, 또는 장학금을 받기 위해 기말고사는 몇 시간을 준비하십니까? 3학점짜리 6과목을 수강하고, 과목당 5시간만 공부해도 총 30시간입니다. 그런데 왜 본인이 그토록 원하는 회사에 취업하기 위해 달랑 30시간도 투자를 안 하는지 모르겠습니다. 기말고사를 준비하는 시간만큼만 자신이 지원하는 각 회사에 투자합시다. 그럼 취업이 쉬워질 것입니다.

김동한

처음 학생들과 마주했을 때가 기억납니다. 당시의 제 마음가짐과 자세는 힘들다고 하는 취업시장에 내몰린 학생들에 대한 안타까움과 그 절박한 심정을 조금이라도 헤아려주고 다독여주고 싶었습니다. 하지만 현재는 조금 바뀌어 있습니다. 그러한 자세는 제대로 된 정보를 제공하여 학생들이 바른 취업을 하게끔 하는 데 방해가 될 수도 있다는 생각을 가끔 합니다. 현재는 행동 없이 그저 걱정만 하고 있는 대다수의 학생들을 때론 다그치고 냉정한 현실에 대해 사실적으로 알려준 후 동기부여를 통해 당장 해야 할 일들을 알려주며 따라오게끔 하는 것이 진정 학생들을 위하는 길이라고 생각합니다. 어떻게 보면 인생에 있어 가장 중요한 문제 중의 하나를 너무 방관하고 있다가 마지막에 달려드는 학생들에게 그나마 쉬운 길을 보여주고 싶은 마음입니다.

이기환

지금 이 순간에도 여러 기업에 지원하기 위해 자기소개서 작성에, 면접 준비에 밤낮으로 열공하는 학생들을 보면서, 나 역시 그들에게 해줄 수 있는 것이 무엇일까, 그리고 얼마나 도움이 될까를 수없이 반문하게 된다. 한 권의 책으로 원하는 기업에 모두가 취업하기는 쉽지 않을 것이다. 그래도 최소한 독자들은 '진짜 취업 정보와 가짜 정보를', '그냥 취업과 바른취업의 차이점'을 구분할 수 있었으면 좋겠다. 취업을 위해 가장 화려한 나날을 불필요하게 버린다는 것이 아깝지 않은가.